MANEJO DE LA IRA

Estrategias para dominar tu ira y estrés en 3 semanas

SIMON GRANT

Tabla de Contenidos

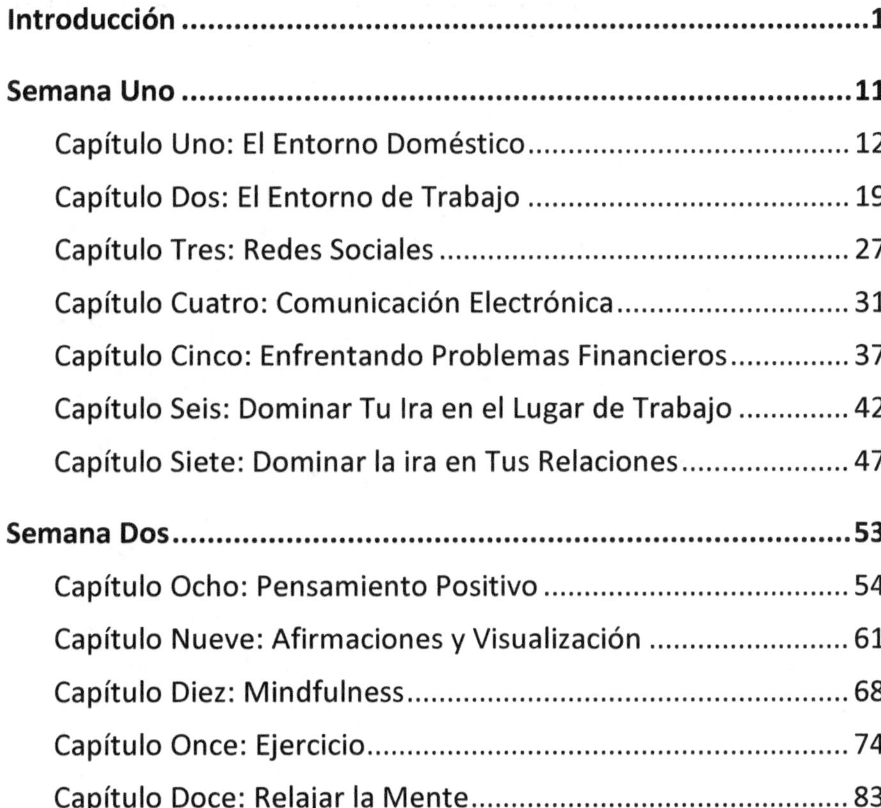

Introducción

No hay duda de que vivimos en una época que promueve el estrés y la ansiedad. El uso de indicadores de rendimiento en el lugar de trabajo, la competencia en la educación y el constante aumento del gasto vivo se suman a una existencia más que estresante para muchos de nosotros. Para algunas personas, los niveles de estrés poco saludables causan fatiga general, irritabilidad e ira que afectan la vida familiar y social, y el trabajo remunerado. Estos niveles de estrés insalubres pueden manifestarse en ira incontrolable. La rabia vial, la violencia en el hogar y el lugar de trabajo son sintomáticos de la incapacidad para controlar las emociones.

Por supuesto, a veces, la ira está justificada. Cuando alguien nos lastima o cuando nos sentimos amenazados, o nuestros seres queridos están amenazados, podemos sentir ira, que es un instinto de supervivencia normal. Sin embargo, cuando una persona es incapaz de controlar su ira, entonces esto puede conducir a un comportamiento impredecible y caótico, que amenaza su propia seguridad y la de quienes la rodean. Una cierta cantidad de estrés es saludable, por ejemplo, los factores estresantes como nuestras obligaciones y responsabilidades hacia nosotros mismos y con los demás nos permiten levantarnos por la mañana, ir a trabajar, cuidar de nuestras familias y pagar nuestras cuentas: todos los cuales nos motivan y nos impulsan hacia adelante. Sin embargo, el estrés que hace que una persona se sienta físicamente incapaz de levantarse por la mañana y realizar tareas cotidianas normales no es saludable y conduce a una enfermedad emocional y física.

La ira está relacionada con el estrés. La ira no se forma en elvacío; it tiene un gatillo. ¿Pero a veces no es bueno un estallido de ira para nosotros? Es posible que hayas oído a la gente decir: "No embotellas tu frustración. Déjalo salir". ¿La ira no libera tensiones y alivia el estrés? Bueno, así es. Algunas personas pueden ponerse guantes de boxeo y sacar su ira en un punching bag. Algunas personas pueden tener un "fusible corto" y tienen una tendencia a explotar en un momento dado. Su ira puede ser efímera, pero puede resultar en estrés para aquellos que viven o trabajan con ellos. Sin embargo, cuando consideramos la ira que resulta en ira en la carretera o violencia repentina contra una persona o propiedad debido a un leve percibido, entonces podemos considerar que la ira mal dirigida y fuera de control.

La gente se enoja por muchas razones. Tal vez sienten que están siendo tratados irrespetuosamente, o tal vez temen el futuro, "¿Y si pierdo mi trabajo?" Pueden sentir que están siendo desempoderados en el trabajo o en el hogar. Estos sentimientos de ira son una respuesta razonable cuando las personas se sienten inseguras o amenazadas. La mayoría de las personas son capaces de controlar su ira frente a tal adversidad. Algunas personas no pueden. El estrés y la ira se vuelven abrumadores, lo que resulta en sentimientos de rabia contra el mundo. Esa rabia se convierte en un comportamiento violento. Cuando la gente rompe vajilla o muebles en una rabia, no necesitan que otras personas les digan que no resuelve nada. Ellos lo saben. Lo que no saben es cómo controlar su ira.

Los arrebatos de enojo son a menudo el resultado de dolor emocional. En la mayoría de las personas, el remordimiento generalmente sigue, por lo que el estallido de enojo les ha hecho sentir peor, no mejor, lo que se suma al ciclo de estrés. La incapacidad de controlar su ira hace que la gente se sienta inadecuada y fuera de lugar con el resto del mundo. La pregunta es, ¿cómo se pueden templar estos sentimientos de rabia? ¿Cómo es posible dominar los niveles insalubres de estrés y enojo cuando, en muchos casos, las circunstancias que causan el estrés y la ira siguen existiendo?

Hay estrategias que pueden ayudar a las personas a obtener dominio sobre el estrés y la ira: estrategias que una vez adoptadas, ayudan a lograr el equilibrio dentro de sus entornos de trabajo y hogar. Si estás buscando maneras de superar las emociones insalubres en tu vida, entonces esta guía te ayudará a dominar tu estrés y tu ira en solo tres semanas. Al emplear las estrategias en los siguientes capítulos, usted será capaz de tomar el control de sus emociones y tomar una visión más positiva de las situaciones en su vida que a menudo encuentra abrumador.

Cómo utilizar esta guía: La guía se divide en tres partes, proporcionando instrucciones durante tres semanas consecutivas.

Cada parte tiene seis capítulos, que están llenos de sugerencias y estrategias sobre el dominio de la ira y el estrés. Dado que la vida y las circunstancias de todos son diferentes, los factores de tiempo sugeridos en la guía son flexibles. Por ejemplo, usted puede sentir que necesita desesperadamente estrategias que le permitan desarrollar atención plena (esto se puede encontrar en la semana dos de lais guía), mientras que otra persona puede estar interesada en la ayuda y el apoyo (cubierto en la semanatres). Esto está absolutamente bien. Pick y mix están a la orden del día. El objetivo principal es que puedas dominar tu ira y estrés en solo tres semanas. Las estrategias que adoptes dependen de tus propias necesidades percibidas.

Capítulos 1 a 7. Trabajo en casa y vida social: La semana uno considera maneras de crear un ambiente tranquilo y libre de estrés en el hogar y en el trabajo. Aprenderás cómo poner tu casa para calmar los nervios y aliviar el estrés. A veces es tan simple como crear más luz si vives en un país donde durante los meses de invierno, los días son más cortos. Cambiar las cortinas pesadas por las más ligeras al instante crea más luz. Los capítulos de esta sección también proporcionan estrategias para des-abarrotar su hogar. Una vista común en muchos hogares ocupados es un pasillo desordenado. Los psicólogos han enseñado durante mucho tiempo que el desorden alrededor de las señales de casa al cerebro que hay cosas que hacer, cosas que ordenar, lo que a su vez crea estrés (Carter, 2012). Este estrés puede incluso convertirse en ira si el desorden es lo primero que ves cuando abres la puerta principal. Las estrategias descritas en la semana uno no sugieren que se deshaga de sus preciadas pertenencias. En su lugar, proporciona consejos sobre cómo puede crear un ambiente más armonioso para usted y su familia. Esto también se aplica a su jardín, patio, o incluso el alféizar de la cocina, si usted vive en un apartamento.

La investigación científica nos muestra que liberamos endorfinas en nuestros cerebros cuando miramos cosas hermosas. Las endorfinas son los productos químicos "sentirse bien" que producimos en nuestro cerebro cuando nos sentimos felices o contentos - elooking en hermosos paisajes libera estos productos químicos. Por lo tanto, es lógico que si vuelves a crear elementos naturales en el hogar, te sentirás maltrecho, especialmente si vives en una ciudad que proporciona muy pocas zonas verdes. El medio ambiente afecta la salud mental. Por lo tanto, es importante que el entorno en el que vives y trabajas sea lo más armonioso que puedas hacerlo. Si vives en una casa caótica, entonces tus niveles de estrés pueden aumentar para que también tengas que lidiar con el nivel de ira que sientes cuando ese cajón de cubiertos lleno de gente se atasca cuando lo abres, o la manija de la puerta viene en tu mano por enésima vez esta semana. Al aprender a dominar tu entorno doméstico, estarás aliviando tu estrés y reduciendo las posibilidades de perder los estribos y de encontrarte abrumado por la ira.

Una cosa es lidiar con su entorno doméstico donde tendrá cierto control sobre lo que hace en él; es otra cosa para tratar con su entorno de trabajo. Hay un montón de sitios web que sugieren maneras en las que se puede crear un ambiente de trabajo tranquilo, y sin duda, las estrategias incluidas en esta sección demostrarán cómo se puede lograr esto. Sin embargo, para muchas personas, el estrés causado por el entorno de trabajo está completamente fuera de su control. El espacio de trabajo puede estar en un área pública donde los compañeros de trabajo o el público en general invaden el espacio. O tal vez algunas personas trabajan en una tienda o un área de recepción donde no es posible introducir artículos de su propia elección. Usted puede, por ejemplo, trabajar como cajero en un supermercado ocupado, o detrás de un bar. Otras personas pueden no tener espacio en absoluto. Los limpiadores y tal vez los conductores pueden encontrar difícil crear un ambiente de trabajo tranquilo. El capítulo sobre el entorno de trabajo proporciona estrategias para crear un mejor entorno de trabajo, irrelevante de dónde trabajas realmente.

Esta sección también discutirá estrategias para desentrañar el desorden que puede rodearte en tu vida social. En la era tecnológica actual, nos hemos enojecido en los sitios de redes sociales e Internet. Si bien estas distracciones se supone que mantienen su menteactiva, en realidad pueden ser verdaderas distracciones que hacen que los estilos de vida agitados y miserables. Por ejemplo, muchas personas ahora están empezando a reconocer que los sitios de redes sociales como Facebook, que se supone que nos hacen sentir felices de hablar con nuestros amigos y familiares, en realidad pueden hacernos sentir infelices, envidiosos e incluso enojados cuando percibimos a otros que viven vidas aparentemente mejores que nosotros. are Hay estrategias para ayudarle a reducir el tiempo que pasa en los sitios de redes sociales, junto con maneras de reducir su compromiso financiero con los clubes deportivos y de ocio y simplificar su estilo de vida para que tenga más tiempo para desestresarse y relajarse.

Capítulos 8 a 12. Pensamiento positivo: La segunda parte de esta guía proporciona estrategias para mejorar su salud y bienestar con pensamiento positivo. Las técnicas de atención plena, afirmaciones, ejercicio y relajación son estrategias que nos permiten lidiar con el estrés y la ira. Padraig O'Morain (2015), un profesor de mindfulness, sugiere que la ansiedad conduce al estrés y la ira. Como se indicó anteriormente, la ansiedad y el estrés son parte de la condición humana, pero cuando el estrés y la ira se convierten en todo consumo, entonces las estrategias deben ser adoptadas para reducir el nivel de ansiedad que crea el estrés. La atención plena es un aspecto importante de dominar el estrés y la ira. En pocas palabras, la atención plena nos enseña cómo aceptar el momento que estamos viviendo, sin juicio ni agenda. Con demasiada frecuencia, pensamos demasiado nuestras experiencias, o para decirlo de otra manera; nos centramos en nuestra experiencia en lugar de simplemente aceptarla. Por ejemplo, tal vez cuando usted está involucrado en la tarea ordinaria de las compras, su mente está revisando lo que su jefe le dijo ayer, o cómo va a pagar su próxima factura de servicios públicos. Las estrategias de atención plena te permiten desbarbar tu mente de pensamientos negativos. Está bien no pensar todo el tiempo.

Aprender a usar afirmaciones positivas todos los días está estrechamente relacionado con la atención plena. Cada vez más personas recurren a esta estrategia para aliviar el estrés y controlar la ira. El poder del pensamiento positivo está bien documentado pero es difícil de lograr como parte integral de la vida. Las estrategias de la segunda semana proporcionarán orientación sobre cómoel pensamiento positivo puede ayudarte a dominar tu estrés y tu ira. Combinando la estrategia de crear un ambiente armonioso con ejercicio y relajación, descubrirás cómo el estrés y la ira pueden ser disipados y reemplazados por la positividad y la tranquilidad en tu vida.

Tranquilidad es una palabra que tiene gran importancia cuando se utilizan estrategias para dominar el estrés y la ira. Los franceses usan la palabra tranquilidad todo el tiempo para describir ser tranquilo, tranquilo, quieto o pacífico, y aparece en muchas conversaciones sobre la vida cotidiana. Por ejemplo, para tener una noche tranquila en casa sería transe une nuit tranquille en francés. Se le podría decir a un niño que se atre tranquille (esté quieto). Al dominar tu estrés y tu ira, esta guía te sugerirá que mantengas esta frase en tu corazón y la digas en voz alta todos los días. Quédate quieto. Quédate quieto.

Capítulos 13 – 16. Estrés y la ira como problemas más amplios: Los capítulos finales de esta guía, le presentan las cuestiones más amplias relacionadas con el estrés y la ira. Se sorprenderá al saber que el estrés crónico se considera una epidemia nacional en Estados Unidos. Sin embargo, encontrar el apoyo correcto es esencial cuando sientes que necesitas munición extra para dominar tus emociones. Comenzarás a poner en práctica las estrategias que has aprendido. A medida que tus niveles de estrés e ira disminuyen, descubrirás que tienes más opciones y más control sobre tu vida. Lidiar con transiciones difíciles se discute en la semana final. Poner en práctica algunas de las estrategias sugeridas en esta guía le ayudará a negociar cambios estresantes en su vida. Decir "no" a las solicitudes irrazonables de otras personas será más fácil de lograr. Esto es particularmente cierto cuando se trata de la ira de los demás. Mantener la calma en situaciones difíciles será más fácil de manejar. Al aprender a mantener la calma en situaciones estresantes, habrás dominado tu ansiedad e ira y podrás ofrecer apoyo a los demás. Se le presentarán nuevas formas de pensar sobre la naturaleza del estrés y la ira y cómo afecta a su vida en general. También se le presentarán nuevas formas de tratar las relaciones tanto en el hogar como en el lugar de trabajo. Lo más importante es que esta sección le mostrará que sean cuales sean sus circunstancias financieras, cualesquiera que sean su hogar y experiencias laborales, el estrés y la ira se pueden manejar, y usted no está solo.

SEMANA UNO

Capítulo Uno

El Entorno Doméstico

Uno de los primeros principios para aliviar el estrés es desterrar el desorden en su entorno doméstico. Muchas personas creen que las personas ocupadas y las familias ocupadas están obligadas a vivir vidas bastante caóticas o desordenadas. Los pasillos rellenos de entrenadores desechados, raquetas de tenis, bolsas de gimnasio y juguetes son emblemáticos de los hogares ocupados. Pero esto también puede ser cierto para las personas que viven solas. Sin nadie que se queje del desorden, las mesas de los salones pueden convertirse en el hogar de montañas de correo abierto y sin abrir. Bicicletas, abrigos, zapatos, bolsas de golf, lo que sea, puede terminar en el pasillo o en sillas vacías en las zonas de estar. Sin embargo, hay una cosa que debe saber. Si usted está luchando con el estrés y la ira en su vida, un hogar desordenado sólo puede aumentar su angustia. Otra cosa importante a saber es que no se trata sólo de ordenar la ronda. Cuando estamos estresados, a menudo no podemos molestarnos en guardar las cosas. Cuando nos enojemos con esa manija del cajón del armario que sigue cayendo en nuestra mano, ese cajón puede terminar destrozado en el suelo. Como muchas cosas en nuestras vidas, se requieren estrategias para dominar el arte de vivir en un hogar desabardable y que funcione bien. Una vez que hayas dominado este aspecto de tu vida, entonces seguramente traerás sentido y orden y calma a tu mundo.

Vivir en un ambiente caótico puede hacer estragos con tu salud mental. Es hora de luchar por la tranquilidad. Por difícil que sea para ti, tómate unos momentos, preferiblemente cuando la casa esté tranquila y simplemente camine por cada habitación. Tenga en cuenta dónde está el desorden, pero no haga un juicio o golpee a sí mismo al respecto. Ven a tu aliento. Tenga en cuenta cómo está respirando. Despacio respirando profundamente a través de la nariz y dejándolo salir lentamente. Imagine cómo se verá cada habitación sin desorden. Ahora estás listo para comenzar la tarea, pero en pequeños pasos de bebé para empezar.

Compartmentalizar: El primer paso para des-abarrotar su hogar es acarrear en más desorden. No, en realidad no. Es hora de introducir en cada habitación cestas, cajas o cualquier recipiente grande que sirva para compartimentar su desorden. Cada contenedor tendrá una etiqueta. Por ejemplo, basura/ arreglar/ planchar/ reciclar/ guardar/ caridad o donar/ dirección. Tienes que hacer esto antes de empezar a des-clutter. Haz de este tu primer día, para que puedas decidir qué día es más conveniente para hacer esto, pero no procrastinar. Hazlo pronto. Comience con su pasillo o entrada. Una cosa importante a tener en cuenta aquí es que para llevar a cabo las estrategias empleadas en esta guía; tienes tres semanas, por lo que la tarea de des-abarrotar puede tomar hasta tres semanas. No tiene que suceder en un día. Así que comienza con esa pila de correo en tu consola o encimera. Esto puede ser particularmente difícil si usted está experimentando deudas, pero ignorar esa montaña de correo sólo aumentará su estrés. Aquí es donde las cajas son útiles. Arroje todo el correo de la basura en el buzón de basura, coloque el correo que necesita ser abordado en un cuadro marcado 'para dirección.' Es posible que se sorprenda de lo pequeña que es esa pila de "correo importante". Trate de no detenerse en lo que hay en las cajas y continuar con los cajones y armarios, artículos que abarrotan el suelo y en los estantes. Sé estricto contigo mismo. Es hora de destrozar esos abrigos y entrenadores viejos. Es hora de donar esa ropa que ha colgado las clavijas de abrigo durante meses. Es hora de iniciar una caja que esté etiquetada como 'Put Away'.

Getting Boxy: Usted necesita pensar en sus cajas como herramientas en su búsqueda de una mente tranquila en lugar de objetos que hacen que su hogar aún más desordenado. Puedes invertir en algunas cestas o recipientes realmente elegantes que hacen que tu casa se vea bonita o elegante si crees que las cajas te hacen sentir como si te estuvieras moviendo. El objeto del ejercicio es que realmente los usas para el trabajo que están destinados a hacer. No son ni siquiera más espacios para recoger el desorden. Cuando tu caja de "camino de colocación" se llena, entonces debes forzarte a guardar estos artículos. Piensa en lo mucho mejor que te sentirás mientras caminas por tu casa, guardando las cosas que han encontrado un hogar en el piso o en tu camino.

El desorden en el hogar conduce a un estrés adicional. Según los psicólogos, el desorden crea estímulos adicionales a nuestras mentes, ya sea táctil o visual. En otras palabras, nuestros cerebros trabajan horas extras en cosas que no son realmente importantes en nuestras vidas. Seamos claros sobre lo que es el desorden y lo que debería estar en esas cajas tuyas. El desorden es algo desordenado. El desorden es lo que se mete en tu camino, y es relativo. Una persona puede sentir que un estante agitado con fotos familiares es desorden, mientras que esas fotos pueden traer alegría a otra persona. Sin embargo, las estrategias que está siguiendo para dominar su estrés son sus estrategias y lo que le causa estrés. Por lo tanto, lo que va en esas cajas son las cosas que sabes que necesitan ordenar, no lo que otra persona quiere que ordenes.

El desorden distrae a alguien que lidia con problemas de estrés y ira. Suena a sonar la alarma. "Siempre hay algo que hacer! ¿Por qué soy yo quien tiene que recoger esto cuando no lo dejé caer?" Es hora de despejar las cubiertas y hacer que su hogar sea menos estresante; de lo contrario, usted estará constantemente en el borde, ya sea porque usted piensa que nunca tendrá tiempo para llegar a las manos con el desorden o constantemente preocupado por los visitantes inesperados que caen por. Además, piensa en cuánto tiempo se desperdicia buscando cosas que han desaparecido dentro de la montaña del desorden. Muchas personas que han dominado el estrés ambiental utilizan una caja o cesta que mantener en las escaleras o en el pasillo si viven en un apartamento para las cosas que necesitan ser llevados en la planta superior. La escalera es un lugar extraño para dejar el desorden, se podría pensar, pero de hecho, las escaleras en muchas casas están llenas de artículos que deben llevarse arriba, cada paso un peligro potencial provocado por zapatos, ropa, juguetes, y todo tipo de artículos que acechan en cada paso. Si esta es tu casa, entonces sal de este hábito. Pon una caja en la parte inferior de las escaleras para las cosas que pertenecen arriba.

Arreglarlo: Cuando configures tus cajas, no olvides tu caja de "arreglarlo". Trate de no hacer una lista de las cosas que requieren ser arregladas en su hogar. Esto puede llevar a aún más estrés. Simplemente coloque los objetos en la caja o suelte una nota en el cuadro que describa el elemento que necesita fijación que es demasiado grande para la caja. El truco con esta estrategia es arreglar algo pequeño primero. Esto podría ser una cosa simple como cambiar la bombilla en una lámpara de mesa o reemplazar un fusible soplado. Esta caja de objetos rotos puede ser la más gratificante de sus cajas porque un pequeño objeto reparado puede proporcionar una inmensa satisfacción. El ímpetu de los arrebatos de enojo en el hogar a menudo puede estar relacionado con tener que negociar constantemente objetos rotos (manijas que salen de los cajones, cortinas que caen de las pistas que se han roto, o puertas que se atascan, la lista es interminable). Arréglalos uno por uno, y tus niveles de estrés e ira se reducen casi de inmediato.

Por qué clutter: Obviamente, algunas personas viven en ambientes desordenados porque son demasiado perezosos o demasiado desordenados para hacer lo contrario. Sin embargo, muchas personas adquieren desorden no deseado por un sinfín de razones: razones que, al final, las estresen. Si usted puede comenzar a reconocer por qué el desorden aparece en su casa, usted tiene más posibilidades de lidiar con él. Una de las razones más comunes para vivir en un hogar desordenado es que tienes demasiadas cosas. Vivimos en una sociedad de consumo, una sociedad que nos informa muy sutilmente que necesitamos muchas cosas para que nuestras vidas sean significativas. Los productos pueden ser muy asequibles, como ropa, electrodomésticos, juguetes y libros. A pesar de que nuestras casas pueden estar repletas de cosas que casi nunca usamos, la perspectiva de rebuscar alrededor de una venta de patio es irresistible. Además, podemos apegarnos emocionalmente a ciertos artículos,como elreloj de sombrero que la abuelanos compró, o esa vajilla horrible que compramos en nuestra luna de miel. Es hora de hacer balance. En tu primera semana de dominar tu estrés y tu ira, des hazte de al menos dos objetos cada día. Tener una escala deslizante. Las primeras cosas a hacer son las cosas que no has usado o usado durante doce meses. Las siguientes son las cosas que no has usado o usado durante seis meses, y así sucesivamente. Su caja de caridad se llenará rápidamente. Donarlo a una buena causa.

Por qué poseer menos es mejor: Cuando tenemos menos cosas, tendemos a ser más felices porque sentimos menos presión para reemplazar las cosas, y apreciamos lo que tenemos. Los expertos en salud mental nos dicen que comprar cosas nos hace sentir bien, pero esto no dura, así que buscamos otra solución. Esto es particularmente cierto cuando las personas se sienten deprimidas o experimentan baja autoestima. El problema con esto es que crea pobreza y/o deuda, y por lo tanto se sienten mal de nuevo. Es un truismo que cuanto menos tenemos, más agradecidos sentimos por lo que tenemos. Al emplear la estrategia de des-cluttering, usted está creando un ambiente tranquilo que se sentirá mejor cuando salga de casa por la mañana para trabajar, y cuando regrese por la noche. Usted comprará menos porque pronto se dará cuenta de que no está preparado para renunciar a un espacio precioso en su hogar para cosas que no necesita. Si usted está luchando con la deuda, usted apreciará rápidamente el alivio que menos gasto da a su cuenta bancaria. Poseer menos es mejor. A medida que te des hagas de las cosas que no necesitas, te librarás de las distracciones y el caos que acompañan a tales cosas.

Capítulo Dos

El Entorno de Trabajo

La mayoría de las personas en estos días admitirán trabajar en un ambiente estresante. Pero nosignifica que todos los empleados y empleadores estén estresados. Algunas personas prosperan en un ambiente ocupado, cumpliendo con los desafíos y los plazos con entusiasmo y gusto. Sin embargo, para otros, el ambiente de trabajo puede crear estrés e ira, que es difícil de enfrentar. Un ambiente de trabajo estresante puede ser improductivo, y a menudo conduce a la ausencia del trabajo debido a una enfermedad. En muchos casos, enojarse en el trabajo puede llevar al despido, especialmente cuando los estallidos de enojo van acompañados de un comportamiento violento. Para las personas que tienen un espacio de trabajo, como una estación de trabajo (escritorio), una oficina o un cubículo, los signos de estrés a veces pueden ser obvios. Piense en su espacio de oficina. ¿Estás energizado cuando te sientas en tu escritorio, o te sientes abrumado antes de empezar a trabajar?

Creación de un entorno de trabajo tranquilo: Su espacio de trabajo puede ser la razón por la que está demasiado estresado o no puede manejar sus niveles de ira. Al no poder hacer un seguimiento de las reuniones, los plazos ejercen una inmensa presión sobre las personas que ya están estresadas o burbujeantes de ira. No poder encontrar información importante cuando la necesitas es otra señal de que eres improductivo. A pesar de que vivimos en una era digital, toneladas de papeleo todavía terminan en escritorios todos los días. Si estás estresado, entonces ese papeleo podría ser lo mismo que te inclina sobre el borde. Es hora de su primera semana de dominar su estrés y la ira para echar un vistazo largo a su espacio de trabajo. Los cambios que está realizando en su entorno doméstico deben reflejarse en su entorno de trabajo. Al hacer algunos cambios en el espacio de oficina, se volverá menos estresado, más productivo y menos inclinado a perder los estribos cuando está bajo presión.

Controlar su ira en el trabajo puede conducir a la mala salud y la depresión. Es importante crear un ambiente de trabajo tranquilo antes de abordar las frustraciones que el lugar de trabajo invariablemente trae. Comience el proceso de des-clutter como lo hizo, o lo está haciendo en su entorno doméstico. No es necesariamente cierto que un escritorio desordenado es un signo de productividad. Si usted está estresado, entonces este es el primer lugar que necesita ser cambiado. Organice su escritorio para que solo tenga una bandeja de entrada y salida, o un trabajo que hacer y una bandeja de trabajo en curso. Considere artículos personales como fotografías, juguetes esponjosos (muchas personas los tienen en sus escritorios) y recipientes rebosantes de bolígrafos y lápices como no necesarios, al menos por el momento. Ten las cosas que más usas cerca de la mano, para que no tengas que ir a buscarlas: un bloc de notas y un lápiz, por ejemplo. Todo lo demás debe colocarse en un cajón o en la papelera. Reduzca lo que hay en su escritorio y reducirá su estrés. Una palabra de precaución aquí, no use el tiempo ordenado como una forma de procrastinar. Sea proactivo. Trate de llegar al trabajo unos minutos antes todos los días para hacer tiempo para la reorganización de su escritorio y cajones. Los únicos artículos en su escritorio deben ser las necesidades para el día.

Compartmentalizar: Cuando compartimentas tu espacio de trabajo, también estás compartimentando tu mente. Tómese unos momentos para visualizar su día de trabajo. En lugar de tropezar con cada actividad, usa tu espacio para separar tus tareas. Entra en el hábito de tener áreas específicas para tu trabajo. Si solo tiene un pequeño escritorio o un cubículo pequeño, divida sus áreas por el tiempo, lo que no ocupa espacio en absoluto. Por ejemplo, ¿puede ser la primera hora de trabajo para responder correos electrónicos? Hacer ejercicio en zonas horarias en lugar de zonas físicas: 9 a 10 correos electrónicos: 10 a 12.00 reuniones y discusiones con colegas, y así sucesivamente. Usted se sorprenderá de lo libre de estrés que puede ser la zonificación del tiempo. Usted puede centrarse en sólo esta tarea sin sentir que está siendo presionadoed. Si tienes la suerte de tener el espacio en tu oficina o cubículo, haz un espacio para cuando estés escribiendo o investigando. Otro truco si usted es un gerente es cerrar la puerta de su habitación cuando no desea ser molestado. Hágales saber a sus colegas que pueden hablar con usted solo cuando su puerta esté abierta. Muchos trabajadores crean un espacio similar con pequeños cubículos bloqueando las entradas cuando no desean ser molestados.

Out to Lunch: No utilice el escritorio como mesa de comedor. Si está acostumbrado a tomar un almuerzo para llevar al trabajo, lléelo al exterior o a un comedor común. Es una apuesta segura que la mayoría de los trabajadores abarrotan su espacio de trabajo con contenedores de alimentos y alimentos. Evite comer en su escritorio y ciertamente no trabaje y coma durante sus pausas para almorzar. El Foro Económico Mundial afirma que trabajar horas extras y almuerzos de trabajo son insalubres, creando estrés y prácticas de trabajo ineficaces. Almuerzos de trabajo "son una receta para el desastre... y puede llevar fácilmente al agotamiento" (p.1). Las investigaciones indican que el almuerzo se separa de su escritorio para ayudarle a desestresarse y contribuye a una mayor productividad. Así que la estrategia para su primera semana de dominar su estrés y la ira debe ser la reorganización de su espacio de trabajo y para cambiar su hábito de trabajar a través del almuerzo.

Clean Away the Blues: Los días de limpiadores profesionales que vienen a abeto de tu oficina cada mañana se está convirtiendo rápidamente en una cosa del pasado. Su espacio de oficina es su responsabilidad para llegar a una limpieza seria. Asegúrese de que su escritorio y su espacio de trabajo sean clean antes de salir por el día. Vacíe su basura y recoja cualquier basura que quede tirada en el suelo. Te sentirás más inclinado a comenzar tu trabajo diario si vuelves a un espacio de trabajo limpio y fresco. En general, este cambio de punto de vista de su espacio de trabajo le dará un gran impulso psicológicamente. Usted se sentirá más en control y menos estresado. Cuanto menos desorden tengas a tu alrededor, más productivo serás.

No hay lugar para llamar a mi propio: Hay un montón de estrategias para hacer que su entorno de trabajo menos estresante, pero ¿qué pasa si usted no tiene espacio privado en el trabajo? Muchas personas no tienen control sobre su entorno de trabajo porque pueden trabajar en la industria de servicios, loque significa que el espacio que ocupan es un espacio público. ¿Quizás trabajas para una agencia de limpieza o en una tienda? ¿Cómo puede hacer que su entorno de trabajo sea menos estresante cuando no tiene control sobre su espacio? Bueno, puede que no tengas ningún control sobre tu entorno de trabajo inmediato, pero el espacio que ocupas en tu cabeza debe ser positivo y tranquilo. Al mostrar aprecio y empatía con sus clientes/clientes o compañeros de trabajo, mejorará inmediatamente su entorno de trabajo. Sonríe incluso cuando te sientas azul. Te calmará y calmará a la gente que te rodea. Incluso si no lo sientes, muéstrale a la gente que te rodea, gratitud. Antes de que te des cuenta, tu entorno de trabajo mejorará. Recuerda lo que se siente cuando te enojas en el trabajo. Se siente como si todo tu día estuviera arruinado. Todos a tu alrededor están molestos, y una manta de negatividad se asienta en un día de trabajo. Respira hondo, cuenta hasta diez y habla con calma y de forma positiva. Haga un esfuerzo para decir "Hola" a colegas y clientes. Esto a menudo motiva a otros a ser civilizados y los hace sentir mejor también.

La vida es una celebración: Tu entorno de trabajo puede volverse menos estresante cuando celebras los logros de los demás. Esto podría ser algo tan simple como comprar a alguien una tarjeta de cumpleaños o un pequeño regalo. Cuando lo piensas, siempre hay algo que celebrar. Comparte momentos de felicidad con los que te rodean. Tal vez alguien ha tenido un ascenso o un aumento. Tal vez haya llegado un nuevo bebé. Olvídate por un momento de las tensiones del trabajo y tómate el tiempo para celebrar con los que te rodean. La estrategia más importante para cambiar su entorno de trabajo es cambiar su actitud hacia los demás. Si alguien hace algo con lo que no estás de acuerdo, entonces haz una pausa por un momento y considera cómo podrías responder. Volar en el extremo profundo no hace nada y no resuelve nada. Tómese el tiempo para escuchar los pensamientos e ideas de los demás. Recuerda, las personas pueden quedar atrapadas fácilmente en tu estado de ánimo. Si estás cocinando a fuego lento con ira o llegas a trabajar estresado, entonces la gente a tu alrededor sentirá esto. Aprender a cambiar tu actitud en el trabajo requiere tiempo y esfuerzo. Haz de tu primera semana en dominar tu estrés y enojo el tiempo para mirar tu entorno con una luz más positiva. Practica sonreír y frena tus críticas. Se necesita un esfuerzo, pero vale la pena.

¿Qué desencadena la ira en el trabajo? Como se indicó anteriormente en esta guía, el estrés y la ira tienen desencadenantes. Ser capaz de reconocer estos desencadenantes te ayudará a dominar tus emociones. En primer lugar, trata de mantenerte fuera de tus emociones. La frustración es la razón más común por la que la gente se enoja en el trabajo. Recuerda, sólo eres humano. Tu objetivo es dominar tu ira. Muchas personas trabajan en trabajos en los que no están felices de estar. Por lo tanto, puede sentir resentimiento de que está en un lugar que no desea estar. En segundo lugar, vivir con frustración y resentimiento es como vivir dentro de un volcán retumbando. Un día estallará, y es posible que no puedas contenerlo. Trata de racionalizar tu resentimiento. ¿Te ha pasado ese ascenso? ¿Está obligado a trabajar horas irrazonables? ¿Eres responsable de las decisiones equivocadas de otras personas? Estos problemas no resueltos eventualmente te enfermarán. Es necesario desarrollar estrategias para dominar estos problemas. Detente y piensa antes de abrir la boca. Toma un respiro y cuenta hasta diez. Dígase a sí mismo que está tranquilo. Sigue diciendo esto. Asegúrate de quitarte del drama. Si puedes salir, hazlo y camina un rato. O tome un breve descanso de confort en el baño. Luego pregúntate la mejor manera de abordar el problema que te hizo enojar. Utilice esta primera semana para practicar la respiración profunda en el trabajo. Quédate en el momento, mantente positivo. Por último, interés en lo que está sucediendo a su alrededor sin juicio ni agenda.

. Ese reloj que la abuela nos compró, o esa horrible vajilla que compramos en nuestra luna de miel. Es hora de hacer balance. En tu primera semana de dominar tu estrés y tu ira, des hazte de al menos dos objetos cada día. Tener una escala deslizante. Las primeras cosas a hacer son las cosas que no has usado o usado durante doce meses. Las siguientes son las cosas que no has usado o usado durante seis meses, y así sucesivamente. Su caja de caridad se llenará rápidamente. Donarlo a una buena causa.

Por qué poseer menos es mejor: Cuando tenemos menos cosas, tendemos a ser más felices porque sentimos menos presión para reemplazar las cosas, y apreciamos lo que tenemos. Los expertos en salud mental nos dicen que comprar cosas nos hace sentir bien, pero esto no dura, así que buscamos otra solución. Esto es particularmente cierto cuando las personas se sienten deprimidas o experimentan baja autoestima. El problema con esto es que crea pobreza y/o deuda, y por lo tanto se sienten mal de nuevo. Es un truismo que cuanto menos tenemos, más agradecidos sentimos por lo que tenemos. Al emplear la estrategia de des-cluttering, usted está creando un ambiente tranquilo que se sentirá mejor cuando salga de casa por la mañana para trabajar, y cuando regrese por la noche. Usted comprará menos porque pronto se dará cuenta de que no está preparado para renunciar a un espacio precioso en su hogar para cosas que no necesita. Si usted está luchando con la deuda, usted apreciará rápidamente el alivio que menos gasto da a su cuenta bancaria. Poseer menos es mejor. A medida que te des hagas de las cosas que no necesitas, te librarás de las distracciones y el caos que acompañan a tales cosas.

Capítulo Tres

Redes Sociales

Los sitios de redes sociales como Facebook, Twitter e Instagram son ahora parte de la vida cotidiana de la mayoría de las personas. Para aquellos de nosotros que lo usamos, segúncarnes todos los aspectos de nuestra comunicación. Pregunte a cualquier joven cómo se comunica con su familia y amigos, y la mayoría dirá que usa las redes sociales. Este capítulo explora cómo puedes dominar tus niveles de estrés e ira al entender mejor el papel que juegan las redes sociales en tu vida. Algunas investigaciones sobre salud mental sugieren vínculos entre baja autoestima, depresión y estrés, y las redes sociales. En un estudio reciente (Rus, Tiemensma, 2017), se encontró que los participantes que usaban regularmente Facebook, experimentaron largos períodos de estrés en comparación con aquellos que usaban el sitio con menos regularidad o no lo hacían en absoluto. Sin embargo, también hay pruebas convincentes de que conectarse con familiares y amigos a través de las redes sociales puede tener un efecto positivo en la salud mental y el bienestar.

Los pros y los contras de las redes sociales, Gestión del estrés y laira: Un aspecto positivo del uso de las redes sociales es que puedes comunicarte con personas con las que tienes fuertes lazos. La comunicación con la familia y los amigos cuidadosamente seleccionados puede tener un impacto positivo en su bienestar porque tiene vínculos comunes. Por lo tanto,, el intercambio de noticias, fotografías y mejores deseos eleva el ánimo y reduce el estrés. Compartir risas y experiencias divertidas sirve para reducir el estrés y el descontento (Denworth, 2019). Esto es particularmente cierto cuando la familia y los amigos viven en lugares lejanos. Sin embargo, simplemente desplazarse por la página y hacer clic como botones puede tener el efecto contrario y puede hacer que se sienta ansioso y descontento. Puede parecer que todos tienen una vida mejor y más rica que tú. El uso de las redes sociales de esta manera puede conducir a problemas. Si ya estás llevando una vida estresante, este uso pasivo de las redes sociales no hará nada por tu autoestima e incluso puede conducir a los celos y la negatividad. Así que su tarea de esta semana es preguntarse si sus sitios de medios sociales realmente ayudan a reducir sus niveles de estrés o no. El uso pasivo de las redes sociales (simplemente haciendo clic en los botones Me gusta) puede reducir significativamente su autoestima, lo que aumenta su estrés. Al mismo tiempo, el compromiso activo con amigos cercanos y familiares puede reducir tus niveles de estrés. Sólo tú puedes ser el juez de esto. Esta semana reduce tu lista de "amigos" a solo familiares y amigos cercanos con los que puedas compartir buenas experiencias. Ponga su sitio en la configuración de privacidad y contactos "no amigos" que no conoce personalmente, familiares y amigos "no amigos" que pueden tener la oportunidad de socavar su confianza o hacer que se sienta inadecuado. Decirte a ti mismo que no mirarás sus publicaciones no es realista porque lo harás.

Una existencia virtual: En el mundo tecnológico actual, nada es lo que parece. Es muy convincente utilizar sitios de redes sociales como Facebook e Instagram y sentirse inadecuado contra la vida de otras personas. Sobre la base de esto, hay evidencia convincente de que vivir una vida libre de estrés; los sitios de redes sociales deben ser desterrados a la papelera virtual. Durante esta semana estarás des-abarrotando tu hogar y tus espacios de trabajo. A menos que estés buscando inspiración, lo último que debes estar mirando es las casas perfectas y coordinadas por colores que tus amigos publican en Facebook. En esta semana de contemplación, deberías preguntarte por qué estas personas están publicando fotos de sus casas. Hay sólo tantas veces que puedes felicitar a los "amigos" por sus luces de hogar bellamente ordenadas y organizadas que emiten un brillo opulento en muebles de moda antes de que te estreses por tu propia casa. Estos mensajes están diseñados para hacer eso. Hay mucha discusión sobre cómo las redes sociales crean estrés sobre la imagen corporal; bueno, es lo mismo con imágenes de cómodos hogares organizados. Si bien es posible que no seas propenso a estresarse por lo que personalmente pareces, muchas personas, especialmente las mujeres, miden el éxito por los productos que otras personas tienen en sus hogares. Mira Instagram con un ojo crítico. Las fotografías familiares felices, las compras llamativas como coches, motocicletas y vacaciones crean imágenes de éxito y felicidad. Son imágenes virtuales. Verás que no es como parece, sino la compulsión de creer que es muy difícil descartar cuando estás luchando con problemas de estrés y enojo. Acepta el hecho de que mientras estás estresado, y especialmente cuando te sientas enojado con el mundo, no te sentirás generoso con tus amigos o imágenes de éxito de tus parientes. No te golpe es por esto. Eres humano. Pregúntate si puedes apagar tus redes sociales durante solo una semana. Esta es una poderosa estrategia para dominar tu estrés y tu ira. Encuentra una alternativa. Ir a dar un paseo, leer una revista, escuchar una cinta de audio, o ver películas tontas. Tu percepción de tu mundo mejorará, y comenzarás a dominar tus emociones.

Capítulo Cuatro

Comunicación Electrónica

Correos electrónicos: Godsend o Curse? El correo electrónico, a diferencia del "correo de caracol", se ha convertido en una forma de vida. Los estudios han demostrado que las personas revisan sus correos electrónicos hasta 150 veces al día. Elcorreo electrónico se ha convertido en una de las actividades más estresantes en las que las personas se involucran. Sería imposible decir que para reducir sus niveles de estrés no deben'comprobarsus correos electrónicos. Esto sólo crearía ansiedad y estrés. Por lo tanto, debe considerar lo que sucede cuando revisa sus correos electrónicos,, y lo que es más importante, lo que sucede si no lo hace. En el lugar de trabajo, tratar con correos electrónicos es a menudo una actividad estresante. ¿Sientes una repentina sensación de ansiedad cuando enciendes tu computadora y traes tus correos electrónicos? ¿Por qué te sientes temible en lugar de una anticipación emocionada cuando ves una notificación por correo electrónico? Si está en el trabajo, los correos electrónicos generalmente estarán orientados al trabajo. Los correos electrónicos de su jefe, clientes y colegas pueden ser positivos, pero el estrés que implica realmente abrir el correo electrónico y leerlo anula cualquier sensación de anticipación útil: ¿por qué debería ser así?

Fuera de horas : La mayoría dela gente estaría de acuerdo en que un botón de notificación es una herramienta valiosa que nos alerta de los correos electrónicos entrantes, que podemos tratar de inmediato. Podemos estar seguros de que no pasamos por alto el correo entrante. Pero es este un aspecto positivo del correo electrónico. Las investigaciones sugieren que las notificaciones contribuyen al estrés e incluso a la ira. ¿Tiene las notificaciones activadas todo el tiempo? Si es así, esto no le ayuda a reducir su estrés. De hecho, lo está empeorando. Puede ser que tenga más de cien correos electrónicos al día en el trabajo, lo que significa que potencialmente podría recibir más de cien notificaciones por correo electrónico por día, ya sea que esté en el trabajo o no. En algunos aspectos, ya lo sabes, así que ¿por qué tienes tu botón de notificación las veinticuatro horas del día? ¿Es porque tienes miedo de perderte algo importante? Piénsalo un momento. ¿Te pagan por estar a las órdenes de tu jefe en tu día libre? No, probablemente no lo seas a menos que, por supuesto, tengas un trabajo en el que estés 'de guardia'. Sin embargo, incluso si no respondes al correo electrónico, los contenidos están ahí contigo, incluso si estás disfrutando de tiempo en familia o disfrutando del aire libre. El problema es exacerbated por nuestra inclinación natural a asumir que el correo electrónico va a ser negativo. Si usted está luchando con el estrés en su vida, entonces cada notificación le llenará de ansiedad. Cada notificación te distraerá y te pondrá en un curso de mayor estrés. Incluso puedes sentir ira por estar distraído, y esto puede explotar en un estallido de ira en los seres queridos. Estas distracciones también contribuyen a la disminución de la productividad. Según Mark, Gudith y Klocke (2008), "Tardas un promedio de 23 minutos en recuperarte completamente de una distracción" (pág. 3). No hace que sea un genio reconocer que si estás constantemente revisando tus correos electrónicos, vas a estar distraído la mayor parte del tiempo. El estrés está destinado a acumularse. Apague las notificaciones durante al menos una semana cuando esté en casa y, especialmente, cuando se vaya a la cama. Es aconsejable desactivar las notificaciones en su teléfono por completo y asignar un tiempo para tratar con sus correos electrónicos y se adhieren a esto. Si la gente sabe que responderá a los correos electrónicos inmediatamente, usted no tiene el control.

Deshágase de la compulsión: Esta semana, haga unesfuerzon para no comprobar sus correos electrónicos cada cinco minutos. Esto probablemente requerirá un súper esfuerzo porque si usted lo admite o no, comprobar sus correos electrónicos es una compulsión porque todos obtenemos placer intrínseco de anticipar algo placentero, y también tenemos una preocupación permanente de que algo malo va a suceder. Ambas emociones están en abundancia cuando recibimos un correo electrónico. La compulsión viene de la esperanza de que hemos ganado algo: tal vez un nuevo trabajo, algún dinero inesperado, una invitación. Por otro lado, al igual que el timbre de un teléfono en las primeras horas de la mañana, también puede ser visto como algo siniestro. Estas emociones conflictivas juegan con tu salud mental. Muchos estudios han demostrado que las personas que constantemente revisan sus correos electrónicos a lo largo del día están significativamente más estresadas que las personas que no lo hacen. Al deshacerse de la compulsión de revisar sus correos electrónicos cada cinco minutos, usted está tomando el control de su tiempo y su bienestar. Comience hoy retomo el precioso tiempo que está perdiendo en su teléfono y domine su estrés.

Mensajes de texto: Los mensajes de texto han cambiado la forma en que nos comunicamos. Las ventajas son numerosas. Podemos mantenernos en contacto con sus seres queridos. Podemos comunicarnos como interacción social. Las citas se pueden guardar. Las consultas se pueden hacer, todo tocando unas pocas teclas. Sin embargo, aunque la gente está empezando a preferir los mensajes de texto a la comunicación cara a cara, los mensajes de texto pueden ser extremadamente estresantes. La discusión en el capítulo anterior reveló cómo las notificaciones podrían interrumpir su concentración durante hasta veintiséis minutos. Recibir notificaciones de texto tiene exactamente el mismo efecto. Cuando esperas un mensaje de texto, puedes revisar tu teléfono cien veces en una hora. Cuando se ve con esta luz, es difícil ver cómo es posible que se puede hacer cualquier trabajo. Tus niveles de estrés también aumentan cada vez que miras tu teléfono. Cuando las notificaciones llegan a su teléfono, una variedad de emociones aumentan a través de su cuerpo que van desde estrés leve, anticipación (también estrés) ansiedad, miedo al estrés agudo. Para ayudar a controlar el estrés relacionado con los mensajes, no se acostumbre a responder textos inmediatamente. La gente espera esto. Entrena para no mirar tu teléfono cuando estés ocupado. Reserva una vez en el que respondas mensajes de texto, al igual que lo harías al responder un correo electrónico. Los mensajes de texto son más rápidos que los mensajes de texto, por lo que las personas tienden a enviar mensajes de texto más que el correo electrónico. Los textos negativos también pueden hacerte enojar. Esto es particularmente insalubre porque tu ira no tiene adónde ir. Sé brutal con las personas que te envían textos molestos. Diles que no abrirás ningún mensaje de ellos en el futuro. La era digital nos ha dejado vulnerables al abuso y al malestar. Domina el uso de tus mensajes, y reducirás tu estrés.

Los pros y contras de la mensajería electrónica: La investigación que se lleva a cabo en el impacto que los métodos modernos de comunicación tienen en la salud mental de las personas está dando evidencia de que puede tener un efecto positivo y que también puede tener un impacto negativo. No es que la investigación esté diciendo que es bueno o malo. Está mostrando que las redes sociales y la mensajería electrónica pueden tener un impacto bueno y un mal impacto en nuestros niveles de estrés. No hay duda de que los mensajes de texto tienen un impacto positivo cuando enviamos un mensaje a alguien. Es instantáneo y se puede hacer en cualquier lugar. Atrás quedaron los días en que la gente tenía que buscar cajas telefónicas. Si estamos en problemas, entonces un texto se puede enviar inmediatamente. Podemos llamar a esto gratificación instantánea. Nos hace sentir bien. Nos hace sentir en control. Sin embargo, esto depende totalmente de sus niveles de estrés e ira. Enviar mensajes de texto a alguien con ira puede hacerte sentir mejor por un momento, pero no resuelve problemas a largo plazo. Piensa en cómo aumentan tus niveles de estrés cuando no recibes una respuesta instantánea a tu texto enojado. Esto te deja con una ira a fuego lento que podría ser dirigida a la persona equivocada porque la persona con la que estás enojado no está ahí contigo. Por lo tanto, la pregunta es: ¿qué estrategias se pueden emplear al usar la mensajería instantánea y las redes sociales para reducir sus niveles de estrés e ira?

Capítulo Cinco

Enfrentando Problemas Financieros

Luchar con la deuda es uno de los aspectos más estresantes de la vida moderna. Los sentimientos de ansiedad están dentro de ti constantemente, desde el momento en que te despiertas hasta el momento en que te vas a la cama, sólo para lanzar y girar hasta las dos horas de la mañana. Si está siguiendo esta guía, esta semana habrá hecho mucho para desbarbar sus entornos tanto en casa como en el trabajo. Tal vez incluso has abierto algunas de esas cartas que has escondido en tu desorden. La primera estrategia al enfrentar el estrés de la deuda es seguir pagando sus cuentas; sin embargo, pequeña la cantidad podría ser. A continuación encontrará algunos consejos útiles para controlar el estrés y la ansiedad.

Miedo a lo desconocido: El mayor factor de estrés cuando se preocupa por la deuda es el miedo a lo que sucederá si no puedes pagar tus cuentas. ¿Perderás tu casa? ¿Cómo alimentarás a la familia? ¿Qué pasa si los amigos y colegas de trabajo se enteran? Otra preocupación es: ¿qué pasa si me enfermo y empeondo las cosas? Necesitas respirar hondo y sentarte con tus finanzas. No evites discutir tus asuntos financieros con seres queridos comprensivos o amigos cercanos. A veces, evitar que las personas se derramen en otras actividades, y te encuentras evitando eventos sociales como visitar a familiares y salir con amigos. Debes tratar de enfrentar tus miedos y decirte a ti mismo que estás haciendo lo mejor que puedes y que los malos tiempos mejoran. Para dominar tu miedo a las deudas, primero, acepta que tu miedo es real. Se manifiesta en una respuesta física: vuelo o lucha. Stress puede convertirse en enfermedad física a través de este proceso,y es por eso que algunas personas sonincapaces de controlar su ira. Reconoce tu miedo. Sea proactivo. Discuta sus finanzas con alguien que sea comprensivo con sus preocupaciones. Siéntese y den el diseño de estrategias para aliviar su carga financiera.

No recurra al alcohol para el apoyo: Es muy tentador beber demasiado cuando estás estresado o enojado. Pero es temporal. Tus problemas no desaparecerán cuanto más bebas. De hecho, sólo pueden empeorar. Tu estrés y tu ira volverán, y tal vez será peor si sientes remordimiento porque has gastado demasiado dinero en alcohol. Trate de mantener el consumo de alcohol a niveles normales. Socializa con amigos, ríete y diviértete. Reír y pasar un buen rato es gratis, pero encontrarás que las recompensas serán niveles de estrés más bajos y una capacidad mejorada para enfrentar tus problemas de dinero.

Tu relación con el dinero: Con el fin de dominar tu estrés por el dinero, primero tienes que reconocer que la preocupación por el dinero es una parte normal de la vida de todos para muchas personas. Para algunas personas, su relación con el dinero es que nunca parece haber suficiente. Las tasas hipotecarias suben cada año, el seguro de salud está en constante aumento, y los gastos de cuidado infantil pueden marcar la diferencia entre tener suficiente dinero al final del mes y luchar para llegar a fin de mes. La forma en que usted lidia con estos problemas determinará cuánto estrés sus ingresos traen a su vida. Ha habido una gran cantidad de investigación sobre nuestra relación con el dinero. Según Healthline (2019), "no hay correlación entre dinero y felicidad" (pág. 1). Por supuesto, esto es una declaración bastante trillada cuando usted está utilizando todas sus fuerzas para vencer al lobo de la puerta. Sin embargo, si te detienes un momento y piensas en esto, tal vez puedas reconocer que el dinero es un estresante sin importar cuánto tengas o no tengas. Por lo tanto, usted no está solo. Muerde la bala y lidia con tu deuda. De esta manera, usted tomará el control de su vida. Sé positivo sobre tu relación con el dinero. No se puede vivir con una imagen de escasez 24/7. Su salud física y mental comenzará a sufrir.

Estrategias para manejar su deuda y controlar su estrés

Como ya se ha indicado en este capítulo compartir sus problemas con una persona comprensiva puede ayudarle a interiorizar los problemas que le hacen estresar para que pueda resolverlos en lugar de evitarlos. Esto es particularmente cierto en el caso de la tensión financiera. No te des llegar a la gente que también está luchando. Por mucho que sea un consuelo saber que otros están luchando con la deuda también, realmente no le ayuda a resolver sus problemas. Acuda a alguien que usted cree que está financieramente sano. Pídeles consejo. La gente está muy dispuesta a transmitir consejos, especialmente si sienten que usted está recurriendo a ellos por respeto.

Si encuentra que sus problemas financieros son considerables y están más allá de su capacidad para resolver, entonces busque un asesor financiero en quien pueda confiar pero que no cobra una tarifa grande. Los consultores y asesores normalmente cobran tarifas sustanciales, pero si miras a tu alrededor, puedes encontrar asesores que estén preparados para ayudarte a planificar tu presupuesto por una pequeña tarifa. Los asesores independientes suelen ser mejores si su negocio es pequeño. Otra forma de obtener ayuda profesional es visitar a un terapeuta financiero. Es posible que puedan ayudarte a entender por qué te has endeudado. Muchos entrenadores de la vida ahora están mirando cómo la gente percibe el dinero: cómo se criaron y cómo se enseña a la gente a pensar en el dinero. La terapia financiera incluye esta autoevaluación de lo que se nos enseña sobre el dinero. Para darles un ejemplo de este tipo de percepción, muchas personas, especialmente aquellas que pueden haber sido criadas en una familia de clase trabajadora, pueden haber sido dichas que perseguir la riqueza es codicioso. Tal vez te criaron para creer que hay una escasez de dinero, así que debes aprender a vivir con menos. Ostowari (2014) cree que estas percepciones son falsas. Sugiere que para lograr el bienestar financiero, debes cambiar estas falsas percepciones y ver el dinero como una herramienta en lugar de una carga, o algo que nunca tendrás en exceso.

Cumplimiento emocional: No hay duda de que para la mayoría de las personas, gastar dinero produce emociones fuertes. Para algunas personas gastar dinero les da un impulso. Los hace sentir mejor, incluso por un corto tiempo. Para otros, gastar dinero los hace sentir ansiosos e incluso enfermos. Volviendo de nuevo a Ostowari (2014), es útil tener en cuenta su sugerencia de que debemos ser conscientes del dinero. Cuando pagas una factura, debes dar las gracias por tener el dinero para pagarla "... Toma un respiro. Siente tus manos, vientre o chequera en tu mano..." (p.34). Siente gratitud. La atención plena se discutirá en un capítulo posterior. Si desea combinar la atención plena con el dominio del estrés financiero, puede pasar a este capítulo ahora.

Aprender de otros: Si bien puede parecer contradictorio, muchas personas que están financieramente seguras tienden a no gastar su dinero. Ellos son cuidadosos de cómo utilizan su dinero y demuestran cierta ansiedad acerca de la seguridad financiera futura, por lo que ahorran. Planean para el futuro, ya sea para la educación de los niños, las pensiones o para emergencias. Aprenda de aquellos que han aprendido a controlar sus finanzas. No cuesta nada. Los estantes de la biblioteca están repletos de libros de autoayuda sobre cómo aprender a administrar sus finanzas. No finjas que no necesitas ayuda y orientación. Para dominar tu estrés y tu ira, necesitas trabajar en ello. Invierta algún tiempo esta semana para navegar por Internet o su biblioteca local para mejorar su conocimiento del bienestar financiero. No es sólo para la gente privilegiada o codiciosa sólo venderte un sueño. Hay un mundo de experiencia por ahí. Utilalo.

Capítulo Seis

Dominar Tu Ira en el Lugar de Trabajo

En 2014, las estadísticas del Centro de Educación del Estrés mostraron que "1 de cada 4 empleados [estaban] enojados en el trabajo" (pág. 1). Ese es un número alto para cualquier estándar. Dominar tu ira en el trabajo es crucial si quieres vivir una vida menos estresante. Has aprendido en capítulos anteriores que la ira es una emoción humana que todo el mundo siente en un momento u otro. Otra estadística que se encuentra en el artículo de la SEC es que el 85 por ciento de la violencia "en el lugar de trabajo es perpetrada por hombres" (pág. 1). Es cierto que las mujeres tienden a interiorizar su ira en el trabajo, sólo la liberan cuando están en casa o en un lugar público. Ninguna de las dos situaciones es buena, pero la violencia en el lugar de trabajo resulta en un despido instantáneo e incluso una comparecencia en los tribunales. La ira, por otro lado, puede presentarse como mala productividad, resentimiento, ausentismo y acoso sexual.

Estallidos de ira: La mayoría de las personas, al menos en el lugar de trabajo, sofocan su ira porque son conscientes de ser despedidas. Esta ira a fuego lento, si no se aborda, puede explotar en una furia violenta,que puede conducir a problemas para aquellos en las cercanías de esta rabia. Un empleado que ha perdido el control es capaz de destrozar muebles, lanzar cosas e incluso atacar a otra persona. La gestión de la ira no sólo es crucial para aquellos que experimentan pérdida de control, sino también para los empleadores que deben reconocer los signos de un creciente descontento en sus empleados.

Reconociendo lossignos: Para que distinga entre la ira justificable, que se disipa a través de una mentalidad razonada, y la ira incontrolada, debe hacer una pausa para el pensamiento. Es posible que te sientas justamente enojado por ser pasado para el ascenso, o no recibir el bono que te prometieron, pero es esa ira hirviendo a fuego lento dentro de ti. Si es así, necesitas cambiar algo. Comience a buscar un nuevo trabajo, tome descansos para almorzar afuera. Cuenta hasta diez y respira. Recuérdate que estás haciendo lo mejor que puedes. ¿Tu estrés se está convirtiendo en ira incontrolada? Deténgase y considere su día en el trabajo. ¿Cómo responde a los cambios en las políticas de la empresa? ¿Explota si sus evaluaciones no salen como desea? ¿Estás listo con un comentario sarcástico, y tu comportamiento es antisocial? No sólo sus colegas notan este comportamiento, al igual que su jefe. Al no dominar tu ira, descubres que estás sin trabajo.

Dominar tu ira: Cuando aprendas a ser constructivo en el lugar de trabajo, dominarás tu ira. Todos nos irritamos y nos molestamos cuando las cosas no van bien. Hay muy poco control en el lugar de trabajo. La mayoría de la gente no puede salir de las instalaciones, por ejemplo, para refrescarse. Muchos trabajadores son incapaces de detener la productividad. Ambas restricciones hacen que las personas se sientan atrapadas cuando están enojadas. La lucha o la adrenalina de vuelo que atraviesa el cuerpo no tiene adónde ir. A continuación se presentan algunas sugerencias. Tómese el tiempo para considerar estas ideas, y en esta primera semana, adopte algunas de estas estrategias.

Piense positivamente: Esto requiere un poco de trabajo duro de su parte. En lugar de asfixiar tu ira, pensar en algo bueno sobre tu trabajo, no tiene que ser algo grande. Podría ser simplemente el hecho de que tienes unas vacaciones próximamente, o reconoces tu conjunto de habilidades. Imagina el peor trabajo que podrías tener. Tienes suerte si no estás en el peor trabajo que podrías tener. Si estás en el peor trabajo que has tenido, piensa positivamente. Al menos tienes un trabajo.

Asegúrate de dormir lo suficiente y estar preparado para el trabajo: Prueba algunas de las estrategias de los siguientes capítulos para mejorar tu sueño. La falta de sueño es un factor importante en las enfermedades relacionadas con el estrés. Evite permanecer despierto hasta tarde durante la semana laboral. Es posible que te digas que te estás relajando viendo siete episodios de tu programa favorito en Netflix o bebiendo esa copa extra, pero esto es una ilusión que tu cerebro estresado te está presentando. Vete a la cama y practica algunas estrategias de relajación. Asegúrese de levantarse a tiempo para desayunar y evitar apresurarse al trabajo. Estar preparado para el trabajo es esencial a la hora de dominar tu ira en el trabajo. En lugar de estresarte, piensa en el día que viene como un desafío, vas a ganar. Recuerda, esta es tu vida. No se sumerja en lo que percibe es el comportamiento inaceptable de algunos o todos sus colegas de trabajo. Hoy, sé la mejor versión de ti mismo.

Déjalo ir: En el lugar de trabajo, surgen situaciones que están completamente fuera de tu control: situaciones sobre las que no puedes hacer absolutamente nada. Si este es el caso, entonces tienes que aprender a 'dejarlo ir'. No hay absolutamente nada que pueda hacer que hará que esta situación mejore. Perder el temperamento no resolverá nada, y en la mayoría de los casos, sólo empeora las cosas y se suma al caos que puede sentir en su cabeza. Si piensas en esto, te darás cuenta de que durante las horas de trabajo, hay muchos eventos que pueden hacerte sentir enojado, pero no habrá nada que puedas hacer al respecto. Necesitas estrategias que te alererán por estas situaciones. Elija un mantra que pueda utilizar cuando esto suceda. Lo dices en voz alta, o en tu cabeza, el efecto sigue siendo el mismo. Elige un mantra hoy. Un mantra simple como "Déjalo ir" tal vez lo suficiente para que repitas cuando surge una situación que despierte tu ira. Por lo general, la ira golpea cuando una situación ha surgido demasiadas veces, y usted está al final de su ingenio. Repite tu mantra y continúa repitiéndolo hasta que tu ira se disipe. La ira pasará incluso si tu frustración permanece.

Vestirse para la Ocasión: Una actividad muy común para las personas cuando regresan de un día estresante en el trabajo es cambiarse de ropa. Muchos trabajadores encuentran que "deslizarse en algo más cómodo" les ayuda a relajarse. A veces, sólo la idea de cambiarte con el albornoz o los pantalones de jogging de gran tamaño y cómodos cuando llegues a casa puede calmar los nervios y mantener a raya los berrinches temperamental. El acto de cambiarte de ropa también cambia tu mentalidad. ¿Sabes cómo te sientes cuando te vistes para trabajar por la mañana? Usted puede sentirse resentido porque no está satisfecho en el trabajo, o puede sentirse atrapado en un estilo de vida que no disfruta. Cambiarse con ropa cómoda cuando llegas a casa tiene el mismo efecto, pero ahora te sientes cómodo y seguro. Pone el día de trabajo detrás de ti, ya sea que trabajes por la mañana, por la tarde o por la noche. El efecto es el mismo;it separa el trabajodel ocio.

Capítulo Siete

Dominar la ira en Tus Relaciones

La ira puede surgir incluso en las relaciones más amorosas. Sin embargo, en su mayoría se contiene y se disipa en minutos. En relaciones cercanas y amorosas, la ira puede burlarse suavemente o discutirse abiertamente. Sin embargo, algunas relaciones se vuelven tóxicas porque una u otra de las parejas no puede contener su ira. Las relaciones románticas son especialmente vulnerables a los estallidos de enojo porque las emociones se a altas. Los celos y los sentimientos de inseguridad a menudo están presentes en nuevas relaciones, pero eso no significa que la ira deba manifestarse en la violencia o en un estallido incontrolado de temperamento. Si usted es propenso a estallidos de ira, entonces usted necesita adoptar estrategias para dominar esto. Muchas relaciones amorosas muerden el polvo debido a la ira o el estrés si no se manejan.

Often, las nuevas relaciones terminan cuando los temperamentos están llenos porque una u otra persona está decepcionada por las acciones de la otra. Por ejemplo, descubrir que tu pareja tiene poca empatía puede ser molesto en una nueva relación. O tal vez la emoción sale la relación demasiado rápido. Todas estas son respuestas humanas cuando buscas a alguien con quien compartir tu vida. Sin embargo, algunas relaciones sobreviven pero sobreviven con la ira siendo parte de la relación. Si crees que tu ira se está interfiando en tu relación con tu pareja, entonces es hora de dominar tu ira.

Hablar: Las personas pueden desarrollar muchas estrategias para mostrar su ira en relaciones íntimas que tal vez no harían con colegas o amigos, por ejemplo, darle a su pareja el hombro frío: no hablar con ellos. Por supuesto, es humano cuando nos sentimos agraviados por alguien que no tenemos ganas de hablar con ellos. Además, probablemente es mejor no hablar en absoluto después de un argumento, ya que a veces esto empeora las cosas. Sin embargo, darle a su pareja el tratamiento silencioso durante largos períodos de tiempo no resuelve nada. Tampoco sale de la casa. Dile a tu pareja lo que te ha enfadado y por qué sientes tanta ira. Sentarse y discutir su ira con su pareja a menudo disuelve la ira para que pueda considerar maneras de resolver las cosas.

Controlar lasrelaciones: Una relación no es construida por una persona tratando de controlar lo que otra persona quiere hacer. La forma en que una persona se comporta es generalmente un desencadenante de reacciones airadas si esa persona no se ajusta a lo que otra espera de ellas. Obligar a alguien a comportarse de manera diferente usando la ira está mal. Nunca funciona, ni la humillación - o peor físicamente atacarlos. Si sientes que tu ira raya en este tipo de comportamiento, entonces debes buscar ayuda de un terapeuta de manejo de la ira. Para dominar tu sentimiento de ira por lo que percibes como un comportamiento inaceptable de tu pareja, necesitas dar un paso atrás y discutir lo que te está molestando. Podrías estar en peligro de asustar a tu pareja, que no es la respuesta que quieres. Las estrategias que te calman, como caminar por el camino, o expresar tu preocupación de una manera madura son estrategias aceptables. El control por miedo nunca crea una buena relación y a menudo resulta en acusaciones de violencia doméstica.

Compromiso no es una palabra sucia: Cuando una relación está llena de problemas, su fusible puede ser corto. Explotas de ira, y tus niveles de estrés aumentan, haciéndote sentir físicamente enfermo. Si la relación realmente no está funcionando, entonces usted necesita sentarse y discutir esto con su pareja. Podría ser que vayas por caminos separados. Por otro lado, hablando honestamente y desde el corazón, usted puede sentir que la comprende podría difundir el conflicto. Sin embargo, para muchas personas, la palabra compromiso apesta a derrota: ceder, someterse. Este no es necesariamente el caso. Una estrategia útil al dominar tu ira en una relación es considerar los beneficios del compromiso. Compromise, cuando hyled maduramente, puede mejorar una relación y nivelar lo que podría haber sido una asociación desigual. En otras palabras, hacer un compromiso sólo para poner fin a un argumento no resuelve su problema. Todavía sentirás ira y resentimiento que pueden desaparecer hasta que explote en un comportamiento descontrolado.

Cuando el compromiso funciona: La comunicación es la clave para el compromiso que funciona. Si usted es capaz de discutir con su pareja su comprensión del compromiso, es más probable que trabaje a favor de ambos socios. Para dominar tu ira en esta situación, debes estar preparado para discutir tus sentimientos y lo fuertes que son. Podría ser que en esta ocasión en particular, usted es incapaz de hacer un compromiso, especialmente si significa que tiene que hacer algo que usted es incapaz de hacer sin resentimiento o ansiedad. Del mismo modo, también debes escuchar lo que dice tu pareja. Tal vez son incapaces de comprometerse en esta ocasión mientras puedas. Sean abiertos el uno con el otro. El compromiso debe ser igual y adecuado para cada socio. Discutir el compromiso puede ser edificante. La distracción también puede disipar la ira que puede volverse inmanejable.

Consejería de relación: Si su relación le hace sentir que su ira está hirviendo a fuego lento dentro de usted, entonces tal vez una estrategia útil es buscar asesoramiento en relación. Este es un gran paso para dominar tu ira. Ser proactivo en lugar de reactivo te ayudará a sentirte más en control. Si usted está luchando con la deuda, entonces podría ser que no es apropiado a menos que pueda encontrar un terapeuta que usted puede permitirse. Tal vez sea tu ansiedad por el dinero lo que te hace enojar con tu pareja. Sin embargo, usted necesita discutir esta opción con su pareja porque van a sentir estrés y ira también. Puede que sea una buena inversión. Además, a menudo se ofrecen consultas gratuitas, por lo que vale la pena considerar.

Pesar los beneficios: La terapia de relación es una estrategia probada para dominar la ira y el estrés en las relaciones. Los sentimientos de frustración con tu pareja pueden resultar en el cierre de la discusión. Nada está resuelto. Al encontrar un espacio neutral para discutir las relaciones matrimoniales o íntimas de la pareja con una persona imparcial y no judicial o probablemente lo haya escuchado todo antes puede ayudar a abrirse sobre sus sentimientos. Tal vez su ira se basa en la falta de empatía de su pareja con respecto a su trabajo, o tal vez usted piensa que hay infidelidad en la asociación. Sólo tú puedes saber lo que desencadena tu ira. Si ambos están de acuerdo con la terapia de relación, entonces necesitan abrazar la oportunidad. Es una estrategia más para dominar tu ira.

Resentimiento a fuego lento: Como se señaló en capítulos anteriores, el resentimiento a fuego lento puede explotar en estallidos violentos de ira. La comunicación es crucial para disipar la ira y el resentimiento. Podría ser que su pareja es ajena a su estrés en el trabajo, por lo que sin darse cuenta exaspera su ansiedad con la palabra equivocada o la acción equivocada, como invitar a sus colegas de trabajo a cenar. Al mantener su ansiedad y estrés ocultos de sus seres queridos, usted está agravando sus problemas. No se sugiere que explote en una rabia para comunicar su ansiedad. La ira y la rabia no resolverán sus problemas. Destácusando sus problemas abiertamente y sin malicia e incriminación será un largo camino para dominar su ira.

SEMANA DOS

Capítulo Ocho

Pensamiento Positivo

Ya sabes que la negatividad y el pesimismo afectan tu salud y bienestar. Es por eso que estás trabajando duro para dominar tus niveles de estrés e ira. En su mayor parte, su estrés se interque el modo de ordenar su vida. En la primera semana, aprendiste que al despejar tu entorno y ponerte a ordenar tus finanzas te da un impulso positivo. Te sientes más en control de lo que está pasando a tu alrededor y de lo que percibes como un impacto. La segunda semana proporciona estrategias para mantenerse positivo.

Ha habido muchos estudios que muestran que el pensamiento positivo reduce el estrés y mejora la salud y el bienestar. Sin embargo, pensar positivamente, cuando todo tu ser te está diciendo que estás en problemas profundos, es una tarea difícil. Requiere una forma de pensar diferente. Las siguientes estrategias te ayudarán a hacer ese cambio de mentalidad y dominar eficazmente tu estrés y tu ira. En primer lugar, es importante que estés en el estado de ánimo correcto. Creer que el vaso está medio lleno, en lugar de medio vacío, no significa que debas hacer la vista gorda ante los problemas de tu vida. Después de todo, esta es la razón por la que estás estresado o enojado en primer lugar. El pensamiento positivo significa que te vuelves más proactivo, más confiado en el conocimiento de que puedes manejar eficazmente tus asuntos y más calmado frente a la adversidad. Pensar que todo estará bien al final no será suficiente.

Las conversaciones en tu mente: Sí, todos hacemos esto. Algo nos hace estresados, enojados o ansiosos, y lo repasamos en nuestra mente, incluso cuando sabemos que tal vez no hay nada que podamos hacer al respecto. Con toda probabilidad, estos son pensamientos negativos. Si este es el caso, entonces usted necesita cambiar su mentalidad. Por supuesto, puede ser productivo cuando pensamos las cosas y tenemos conversaciones imaginarias, pero si estás estresado y pesimista entonces puedes estar encerrado en malas conversaciones en tu mente, y esto no es bueno para tu salud y ciertamente no reducirá tu estrés, especialmente si estas conversaciones en tu cabeza están sucediendo en las primeras horas de la mañana. Dígase que torear y girar y perder el sueño no va a resolver sus problemas. A menudo nos decimos a nosotros mismos que una vez que hayamos resuelto las cosas en nuestra mente y lleguemos a algunas conclusiones, nuestras mentes estarán quietas, y podremos descansar. Esto no es cierto. Las mismas conversaciones estresantes que tenemos en la cabeza siguen rondando. Es hora de parar el tren y bajar.

Una mentalidad negativa: La lista de Mayo Clinices una serie de beneficios para la salud al pensar positivamente, como "mejor salud cardiovascular y menor riesgo de muerte por enfermedad cardiovascular", aunque no está muy claro por qué este es el caso. Otro beneficio para la salud son las tasas más bajas de depresión, y hasta cierto punto, esto es obvio, pensar positivamente nos da esperanza y una sensación de control. Sin embargo, un beneficio crucial si usted está experimentando estrés y ansiedad en su vida es que usted es capaz de hacer frente mejor cuando los tiempos se vuelven difíciles. Por lo tanto, es hora de hacer una pausa y considerar lo que está pasando en su cabeza. ¿Sientes sentimientos de negatividad cuando te levantas por la mañana? ¿Puedes ver poco para sonreír? Uno de los aspectos más comunes de pensar negativamente es que siempre piensas lo peor. Te sorprendería cuánta gente hace esto. Hay una serie de posibles explicaciones, todas las cuales escuchamos y probablemente hemos escuchado desde que éramos pequeños. En primer lugar, prepárate para lo peor, y no te decepcionará.. No tiente la grasae; consider las consecuencias. Nadie te pide que entierres tu cabeza en la arena o que no seas realista. La estrategia aquí para dominar tu estrés es que piensas positivamente en cómo vas a resolver tus problemas. Una cosa a recordar es que cuando piensas positivamente, puedes llegar a reconocer que has magnificado algunos de tus problemas. Tal vez sea el momento de aceptar que algunos de sus problemas de estrés pueden ser ilusiones y no problemas reales en absoluto. Se cree que se necesita al menos 21 días para cambiar los hábitos de mentalidad. Así que, empieza ahora. Sea optimista y de mente abierta y observe cómo se reducen sus niveles de estrés.

Pausa y piensa: El pensamiento positivo requiere práctica. Cuanto más piensas positivamente, más natural se vuelve. A medida que avanzas en tu día, haz una pausa ocasional y pregúntate en qué estás pensando. Si estás pensando negativamente, entonces gira el pensamiento en su cabeza. El jefe ignoró tus esfuerzos hoy. Piensa positivamente. Trabajaste duro. Has logrado algo. Has utilizado tus habilidades. Sí, esto requiere práctica, pero funciona para muchas personas.

Anillo de los cambios: Siempre hay algo sobre lo que ser optimista si te fijas lo suficiente. Sólo tienes que encontrarlo. A veces es tan fácil como sonreír cuando te levantas por la mañana. Sonríe a alguien en tu viaje. Obviamente, no quieres parecer espeluznante, así que sonríe a alguien que ves regularmente en tu camino al trabajo. Saluda, y sonríe. Las sonrisas son contagiosas. Haz pequeños cambios en la forma en que percibes tu mundo.

Ríete en la cara de la adversidad: Esta es una estrategia bastante poderosa y puede ser tu tarea más difícil. La risa alivia el estrés. Mira a tu alrededor. Mira cuánta gente se ríe. Puede ser un abridor de ojos. No creas que no puedes encontrar tu botón de humor. Dale una vez. Mira una película divertida. Escucha chistes graciosos. Encuentra oportunidades para reírte con amigos, colegas y familiares. No sofoque su humor porque se siente triste o estresado. No mejorará las cosas; sólo hace que las situaciones sean más estresantes.

Enséñate una lección: Los viejos hábitos mueren duro. Si estás acostumbrado a pensar negativamente o preocuparte por las cosas, entonces enséñate a no hacerlo. Cuando un pensamiento estresante entre en tu cabeza, piensa en por qué estás pensando de esta manera. Si usted está estresado, usted probablemente ha pensado este mismo pensamiento negativo una y otra vez. Pregúntate si este pensamiento te ayudó ayer o anteayer. La respuesta, por supuesto, será no. Así que hazte un favor. Cambie el registro. No te juzgues a ti mismo por tener pensamientos negativos; sólo vuelve al presente. Estás aquí, ahora: todo de una pieza. Piensa en algo positivo en su lugar.

Un pensamiento positivo es proactivo: Es útil repetir aquí que el pensamiento positivo no se trata de fingir que las situaciones difíciles no están sucediendo. Se trata de ser proactivo. Por ejemplo, la vida de nadie está sin estrés. A menudo, las personas que no deben tener estrés en sus vidas encuentran algo por lo que estresarse. Está en nuestra naturaleza preocuparse. Es un mecanismo de supervivencia.. Nos aseguramos de que los electrodomésticos estén apagados cuando salgamos de la casa. Nos aseguramos de que los niños lleguen a la escuela de forma segura porque nos preocupamos por su bienestar. A veces la vida no es ideal. Ninguna de nuestras vidas es perfecta. Así que pensar de una manera positiva no te impide enfrentar situaciones difíciles, más bien te ayuda a encontrar soluciones. Además, el pensamiento positivo no le impide pensar en pensamientos negativos o experimentar emociones dolorosas. El pensamiento positivo consiste en buscar soluciones y tratar de ponerlas en práctica. No abrir lo que sabes es que una carta de demanda no pagará la factura. Al pensar positivamente, abrirá la carta de demanda porque va a buscar una solución. Pensar positivamente te ayuda a pensar de forma lógica y proactiva.

Sé amable contigo mismo: La semana dos se trata de ser amable contigo mismo. No se trata de cómo quieres que otros te traten. No se trata de cómo los demás son amables con sí mismos. Esto es sobre lo que necesitas. Agradece que estés trabajando en tus niveles de estrés. Date un toque en la parte de atrás si estás logrando reducir tu ira incluso si otros no pueden ver eso todavía. Enhorabuena cada vez que pase tiempo organizando una encimera, su oficina o su vida. Di gracias por lo que tienes ahora. Sonríe cuando combates sentimientos de negatividad. Estás trabajando duro en este viaje de autodescubrimiento. Sepa en su corazón que lo que está haciendo para dominar su estrés y su ira es algo bueno. Muéstrate un poco de gratitud.

Tome consejos de los expertos: No hay escasez de anuales de autoayuda en el mercado. No los descartes. Si quieres aprender, entonces tienes que estudiar. Dominar tu estrés y tu ira significa manejar las cosas negativas en tu vida. ¿Qué es lo que quieres lograr? ¿Cuáles son los problemas específicos sobre los que te preocupas o con los que te enojas? ¿Cómo lidian las personas exitosas con el estrés? Seguramente, a veces se estresan y se enojan. Este capítulo no estaría completo si no consideramos al gurú del pensamiento positivo Stephen Covey. Creía que para mejorar, tenemos que cambiar nuestras percepciones sobre cómo vemos el mundo y cómo pensamos. Estamos a cargo de nuestro destino , nadie más,yes suyo de lo que se trataser proactivo. Para cambiar, usted tiene que hacerse cargo de cualquier circunstancia y situación dada. Covey creía que para resolver los problemas de tu vida tienes que empezar con el final y trabajar hacia atrás. Tienesque cambiar tu mentalidad y pensar en términos de un escenario de ganar-ganar. Para dominar su ansiedad y estrés, ya sea que emana de problemas financieros, relaciones o equilibrio entre el trabajo y la vida, debe lidiar primero con lo primero. Manténgase proactivo, y kahora exactamente lo que desea.

Capítulo Nueve

Afirmaciones y Visualización

El uso de afirmaciones es cada vez más popular como una estrategia para manejar la ira. La mayoría de la gente es consciente de afirmaciones tales como "Cada día en todos los sentidos estoy mejorando y mejorando". Las estrategias de afirmación sugeridas en este capítulo son más específicas. Ynuestras afirmaciones deben ser adaptadas para representar sus necesidades específicas. De lo contrario, son sólo palabras, y la ira triunfa sobre palabras sin sentido cada vez.

Afirmaciones positivas: Cuando tu ira se sale de control, sabes que tiene que ser manejada. Gestionar este aspecto de tu personalidad es difícil. Dominar, es aún más difícil. El uso de la afirmación positiva es una herramienta poderosa porque estás reemplazando los pensamientos negativos por los positivos. Piensa en la última vez que te enojaste mucho. ¿Cómo te sentiste? ¿Te drenaba la energía? ¿Tu vida mejoró por eso? Con toda probabilidad, no mejoró tu vida un poco. Si nunca has probado afirmaciones diarias, puede ser porque no crees que ayudan, o te sientes un poco tonto expresando palabras gloriosas que en lo profundo de ti no crees. Es hora de arriesgarse. No tienes nada que perder.

La ciencia detrás de la teoría: Muchas personas utilizan afirmaciones para la automotivación o para dar un impulso a su autoestima. Las afirmaciones positivas también se utilizan para seguir siendo la auto-habla negativa: las conversaciones en tu cabeza que dan vueltas y vueltas tan a menudo que eventualmente explotas de rabia a la menor cosa. Es un patrón, un hábito, desarrollado a lo largo de la vida de las personas porque o se han criado para creer que no son lo suficientemente buenos, o porque creen que están destinados a fracasar. Por lo tanto, las personas a su alrededor son habitualmente culpadas por lo que está mal en sus vidas. En muchos casos, los patrones de pensamiento negativo a menudo son subconscientes, lo que conduce a estrés crónico o estallidos repentinos de ira. Hay evidencia científica de que este patrón de comportamiento puede ser cambiado a través del uso de la afirmación positiva.

Scientificaliado,lasafirmaciones positivas deben ser practicadas todos los días si se deben cambiar los patrones de comportamiento. Existe la creencia general de que un nuevo hábito tarda al menos veintiún días en ponerse en marcha. Steele (1988) fue el primer psicólogo en presentar la teoría de que la autoafirmación es la forma inherente en que preservamos nuestra auto integridad. Nos decimos una y otra vez que lo que creemos es verdad. Es una herramienta de auto-preservación que los seres humanos utilizan para superar las amenazas; por lo tanto, es principalmente defensivo. La noción de que nos convertimos en lo que creemos que ha sido probado en muchos estudios científicos a largo plazo, y es por eso que las personas exitosas sugieren el uso de afirmaciones positivas en sus libros de autoayuda.

Negatividadintegrada: Sherman y Cohen (2006), mientras explican la forma en que funcionan las afirmaciones positivas, también describen lo dañinas que son las autoafirmaciones cuando son negativas. Sugieren que las afirmaciones defensivas o las afirmaciones negativas impregnan la mente de las personas de tal manera que sólo satisfacen las necesidades de la persona en áreas específicas de su vida. Por ejemplo, cuando te enojas mucho con alguien debido a una injusticia percibida, puedes sentirte justificado en tu ira, cuando esa ira se sale de control, entonces puedes culpar a alguien por enfurecerte tanto, afirmando así tu deseo de enojarte, sin embargo, dañar esto podría ser para ti y para los que te rodean. Para preservar tu autoestima, afirmarás constantemente tu derecho a comportarte como lo hiciste. Si admites que te equivocaste, entonces el remordimiento se pone en el suelo, y tu autoestima golpea el suelo.

Otro ejemplo de autoafirmación negativa es cuando las personas se niegan a cambiar su comportamiento, incluso dada evidencia clara de que su comportamiento es inaceptable. Constantemente afirman a sí mismos y a los demás que tienen razón o que harán las cosas a su manera. Por lo tanto, proteger su autoestima a través de afirmaciones negativas se convierte en un hábito.

Una perspectiva cambiada: Claramente, es humano participar en la autoafirmación; es cómo reconocemos nuestra propia identidad personal. "Yo soy lo que soy." En esta narrativa, somos capaces, inteligentes y flexibles. Sin embargo, para algunas personas, esta narrativa es demasiado rígida. Su noción de "yo" es inflexible. Por lo tanto, cuando las personas no se ajustan a su forma de pensar, se enojan. Cuando las cosas no salen a su manera, se comportan de maneras inaceptables. Algunas personas definen su identidad como incapaz en lugar de capaz. Tienes que preguntarte dónde estás parado. ¿Estás manifestando ira porque las personas a tu alrededor se comportan de maneras que amenazan tu visión del mundo? ¿Estás estresado porque tienes baja autoestima o no sientes que eres una persona flexible y capaz?

Las afirmaciones positivas, si se practican diariamente, cambiarán su perspectiva de la vida. Esto no significa que sólo repitiendo frases como "Voy a tener éxito", o "No voy a perder los estribos" cambiará su comportamiento. No funciona así. Eso sería como decir, "estoy saludable" cuando en realidad, comes en exceso, bebes demasiado o fumas mucho". Junto con estas afirmaciones, tienes que adoptar una perspectiva positiva de la vida y cambiar tu realidad. Las afirmaciones son como pequeños recordatorios de que estás cambiando tu visión del mundo para mejor. Darle un ejemplo de por qué las cosas podrían no cambiar para usted es si está afirmando las cosas equivocadas. Si te defines a ti mismo como ama de casa, entonces tu vida se centra en esta identidad propia, que no es una mala visión de tu identidad, sino que es bastante rígida. Tú también eres más que una ama de casa. Sin embargo, el papel de una ama de casa se puede magnificar en tu mente. O eres simplemente un esclavo de tu familia o estás rígidamente comprometido en ser la esposa y madre perfecta con las necesidades de tu familia es primordial. Ninguna de estas vistas será útil. Ambos causarán estrés y angustia cuando su papel esté amenazado, aunque a través de un divorcio, conflicto conyugal, escasez o enfermedad. Consideren estas dos afirmaciones: "Me niego a ser esclavo"...", trabajaré más duro cada día para proporcionar un buen hogar a mi familia". Ambas afirmaciones son negativas. Lo que realmente estás haciendo es reforzar en tu mente que eres un esclavo o que necesitas trabajar hasta el límite de tu resistencia para mantener un buen hogar.

Nadie es perfecto: La afirmación positiva no significa que usted necesita ser perfecto o excepcional; significa que usted se esfuerza por ser la mejor versión de sí mismo. Para dominar tu estrés y tu ira, necesitas ser positivo, y necesitas ser flexible. Si constantemente pierdes los estribos y te enfureces por los desprecios percibidos, entonces necesitas pensar cuidadosamente en cómo puedes dominar este rasgo. Por ejemplo, si una de sus afirmaciones es "Me alejaré del conflicto", entonces usted necesita prever cómo se sentirá cuando mantenga la calma frente a la adversidad. ¿Qué significará para ti cuando tu ira se disipe porque te fuiste por unos minutos? Esta es la razón por la que las afirmaciones funcionan. Tus pensamientos se hacen realidad. Las estrategias de afirmación funcionan porque estás cambiando activamente tu comportamiento. "Un fracaso se convierte en una oportunidad de aprendizaje", Sherman y Cohen (2006, p. 186). Una vez más, nadie es perfecto. Cuando estamos molestos, albergamos pensamientos de venganza. Nos vemos a nosotros mismos como fracasos por no lidiar con situaciones que nos causan dolor. Las afirmaciones positivas recuerdan a tu mente subconsciente que eres capaz y dominarás tu estrés, ira e inseguridades. Pero debes ser proactivo. Debes cambiar la forma en que ves el mundo, y debes trabajar para lograr tus metas.

Visualización: Una de las cosas más difíciles de hacer es visualizar que ya has tenido éxito en tu tarea y que tu viaje para dominar tu estrés y tu ira se ha materializado. Pero escucha. La visualización funciona. Es como cambiar de opinión. Además, necesitas saber que cualquiera puede hacerlo. Lo hacemos todo el tiempo. Pero considere si sus imágenes son negativas o positivas. Aquí hay un escenario. Te enojaste mucho en el trabajo y te despidieron. ¿Cuántas veces pasaste ese evento por tu mente? ¿Cuántos cambios hiciste en esa imagen? – 'Si me hubiera ido... Si no hubiera forzado mi entrada en la oficina de mi jefe. ¿Cuántas veces has dicho u oído a la gente decir: "Todavía puedo ver esa imagen hoy, después de todos estos años". Así es como funciona la visualización. Ya lo haces.

Cuando la gente habla de la visualización como una estrategia hacia la autoayuda, están hablando de crear imágenes poderosas y convincentes en sus cabezas de las cosas que desean. Si quieres dominar tu ira y estrés, entonces tienes que verte a ti mismo haciendo eso. Tu imagen tiene que ser tan realista que se convierta en parte de tu realidad. Algunas personas usan aromas y sonidos en su visualización para hacer la imagen más convincente. Las imágenes que estás creando en tu cabeza son pensamientos que haces en imágenes. Sin embargo, estos pensamientos pueden ser pensamientos negativos – "Puedo verme en la cárcel." Obviamente, estas no son las imágenes que deberías cultivar. Si visualizas algo positivo y vívido, entonces estás sosteniendo un buen pensamiento. Tu cerebro lo aceptará como una realidad. Si visualizas algo negativo, entonces tu cerebro lo aceptará como realidad. No hay diferencia en tu cerebro.

Usar la imaginación para manifestar la quietud en tuvida: Debes ser específico cuando visualizas tus deseos. Para dominar tu estrés y tu ira, debes verte específicamente en un escenario en el que logras el dominio de estas emociones. Su imagen debe ser realista. Tomemos el estrés como ejemplo. Estás tan estresado que cada pequeño evento de tu vida se magnifica. Constantemente tienes mariposas en el estómago, comes en exceso, o no comes en absoluto, no puedes concentrarte en nada, y ciertamente no quieres levantarte por la mañana. ¿Qué es lo que más deseas? No puede desear que sus problemas financieros se escapen; no puedes desear que las cosas fueran diferentes. Sin embargo, puedes visualizar y manifestar la quietud en tu vida. Visualice un escenario en el que tenga confianza y capacidad. Tal vez usted va a una reunión importante con su jefe que determinará su futuro. Visualiza esa reunión. Mira la habitación donde te sentarás. Mírate a ti mismo a través de tus propios ojos. Siéntate sentado. Véanse escuchando a su jefe, atentamente, sin malicia ni desesperación. Véanse confiados y asertivos. Ahora visualiza a tu jefe mirándote con admiración indesguida. Ahora visualiza salir de la oficina habiendo conseguido ese ascenso. ¿Cómo te sientes? Mantén este sentimiento, hazlo parte de ti. Agradece esa promoción. Eres digno.

Capítulo Diez

Mindfulness

En términos básicos, la atención plena significa que te centras en el aquí y el ahora: cuando te vuelves plenamente consciente del presente y lo que estás haciendo en este momento. Es un concepto tan simple y uno que hacemos todo el tiempo que es más complicado poner en palabras que hacerlo. ¿Con qué frecuencia estás absorto en la tarea de la mano cuando tu mente se aleja hacia otro lado, en otro momento, y te encuentras pensando en algo que sucedió en el pasado o algo que sucederá en el futuro? Entonces empiezas a ponerte ansioso y estresado. Ser consciente significa que te retiras al presente cada vez quepiensas que te va a un lugar estresante. Concéntrate en el aquí y el ahora. Esta semana usted debe comenzar a practicar esta estrategia simple para dominar su estrés y ansiedad. La técnica te ayudará a controlar tu ira porque aprenderás a controlar tu respiración y a ser más consciente de los cambios físicos que tienen lugar en tu cuerpo. Esta conciencia te pone en control de tus emociones.

Vivir en el momento: ¿Por qué la atención plena es una estrategia tan útil para dominar el estrés y la ira? Al igual que la afirmación, la atención plena es una herramienta psicológica probada para reducir el estrés. Es útil porque no está obligado a hacer nada que no haya hecho antes. ¿Con qué frecuencia has forzado tu mente a alejarse de pensamientos angustiosos? Ahora se le pide que practique esto como parte de su rutina diaria para que pueda concentrarse en la tarea en cuestión en lugar de hacer hincapié en lo que cree que podría suceder en el futuro, o morar en cosas en el pasado que no pueden cambiar. Esta técnica te ayudará a cultivar una existencia más tranquila, que será de beneficio para ti y para los que te rodean.

Participar: Mindfulness te lleva al presente para que puedas participar plenamente en lo que está sucediendo en el aquí y ahora. Esto te hará más productivo. También te convierte en la mejor persona que te esfuerzas por ser. En el lugar de trabajo, puede animar a sus colegas a adoptar esta práctica, especialmente cuando se trabaja en equipo. Un equipo que está trabajando en el momento, sinérgicamente, es más productivo que un equipo en el que algunos de los miembros no están enfocados. Te hace una persona más cariñosa porque sólo te estás concentrando en el presente. Por lo tanto, usted es más consciente de las acciones de los que le rodean. Recuerde, también, que se ha demostrado que la atención plena mejora la salud y el bienestar porque el estrés se reduce, y los estallidos de enojo pueden ser eliminados.

Cuerpo y mente: Cuando practicas la atención plena, estás meditando. Estás asegurándote de que estás prestando atención a lo que estás haciendo ahora, dónde estás, qué le está pasando a tu cuerpo y cómo te sientes. Permita un corto período en el día para sentarse y practicar. Encuentra un lugar cómodo para sentarse. Usted no requiere ningún equipo especial, como esteras de yoga, ropa especial o música meditativa. Usted puede practicar la atención plena en cualquier lugar que sea cómodo para usted. Puede sentarse en un banco en el parque o en el césped en un día cálido, dondequiera que pueda hacer una pausa durante unos minutos. Sólo relaja tu cuerpo. Si desea adoptar una posición de yoga, esto también es bueno, siempre que esté cómodo y relajado. No tienes que cerrar los ojos. Ahora concéntrate en tu aliento. Siente el ritmo de tu respiración. Observe cómo se siente su cuerpo, cómo se siente la brisa en su piel si está al aire libre. Descubrirás que tu mente vaga, esto es normal. Sólo tire de nuevo a su aliento y la forma en que el aire llena sus fosas nasales. No juzgues por qué tu mente vagó. Sólo tráelo de vuelta al aquí y ahora. Mientras que la tarea en sí es fácil de hacer, se necesita práctica para mantener su mente en el aquí y ahora. La práctica, como dicen, hace perfecto, y con el paso del tiempo, serás mejor en ser consciente. Pronto se dará cuenta de que su enojado está bajo control, y esas mariposas de ansiedad en su estómago están quietos.

Dejar de usar lacabeza: Cuando practicas la atención plena, eres consciente de lo que está pasando dentro de tu cuerpo y lo que está sucediendo a tu alrededor en el presente,, momento a momento,, y no lo que está pasando en tu cabeza, que puede ser en cualquier lugar. Mark Williams, ex profesor en el Oxford Mindfulness Centre, afirma que la gente tiende a quedar atrapada en eventos que han sucedido en el pasado o percepciones de lo que sucede en el futuro. Sugiere que muchas personas han perdido la capacidad de participar en este momento. Ya no se dan cuenta de lo que está pasando a su alrededor. Están demasiado ocupados viviendo en sus pensamientos. Lo crucial a tener en cuenta aquí es que Williams

(2011) está sugiriendo que estos pensamientos realmente controlan las emociones y cómo se comportan las personas.

¿Dónde estásahora? Un punto importante a plantear aquí es que no debe preocuparse por practicar la atención plena: si lo está haciendo correctamente, si está funcionando. Simplemente se les pide que vuelvan a conectarse a lo que está sucediendo con nuestros cuerpos en un momento dado. En otras palabras, ¿qué puedes oler, qué puedes oír? ¿Qué hace el sonido de sus pisadas en un camino de grava? ¿Cómo se siente el cabello de su hijo bajo su toque? Se trata de ser conscientes de nuestros sentimientos y nuestros pensamientos. Si no están en el momento presente, tire suavemente de ellos hacia atrás sin juicio o agenda. Sólo vuelve a tu aliento.

¿Por qué funciona Mindfulness? Para empezar, estar en el momento te ayuda a apreciar el entorno que te rodea. Al estar en el momento, somos capaces de experimentar las cosas de una manera fresca. A veces damos por sentado las cosas que solían hacernos apreciar el mundo en el que vivimos. ¿Cuántas personas se toman el tiempo para salir y mirar las estrellas y preguntarse por su majestad? ¿Cuántas personas se toman el tiempo para sentir la hierba bajo sus pies y realmente considerar cómo esta sensación los hace sentir? En cierto modo, es como volver a ser un niño experimentando cosas por primera vez. La primera vez que vio el océano o la primera vez que visitó un parque de diversiones. La atención plena funciona porque pronto nos damos cuenta de la frecuencia con la que nos sumergimos en pensamientos negativos en lugar de simplemente apreciar el momento.

Practicando la atención plena, usted será capaz de distanciarse de los pensamientos negativos. Llegarás a aprender que tus pensamientos están conjurados con imágenes mentales. Pueden ser positivos o negativos. Puedes controlar lo que tienes en la cabeza. Usted será capaz de decidir si usted está experimentando un pensamiento positivo y productivo que le ayudará a resolver problemas difíciles, o si usted está simplemente haciendo hincapié en la situación. Esto es atención plena. Usted será capaz de decir si sus pensamientos están controlando cómo se siente de una manera negativa, improductiva o si sus pensamientos están en alineación con lo que es útil y productivo. Williams (2011) señala que "los estudios científicos han demostrado que la atención plena no sólo previene la depresión, sino que también afecta positivamente los patrones cerebrales subyacentes a la ansiedad [y] el estrés" (pág. 5).

Práctica hace perfecto: Usted está siguiendo esta guía porque desea dominar su estrés y la ira. Nadie está sugiriendo que entierres tu cabeza en la arena y finjas que tus problemas no existen. Lo que te enoja o estresa pueden ser eventos reales como tener que mudarte de tu casa, divorciarte, dolor o escasez. La atención plena es una estrategia útil que puede, si se practica a diario, ayudarle a ser cada vez más consciente de las cosas positivas que le rodean. Para empezar, elige una hora del día en la que puedas practicar. Esto puede ser durante su descanso para el almuerzo o en un paseo. Fíjate en las vistas y los sonidos que están a tu alrededor. Sumérgete en estas sensaciones. Si tienes problemas para hacer esto, piensa en las imágenes que ves en una película. El héroe o la heroína está caminando por una calle. Ves lo que ven, el sonido de las persianas se desliza hacia arriba mientras las tiendas se abren por la mañana, los cuernos de los coches sonando, los niños riendo, la gente charlando en la esquina de la calle. Ahora piensa en cuántas veces has caminado a la tienda y difícilmente puedes recordar llegar allí. Al practicar la atención plena, te estás colocando en este momento. Usted es parte de la experiencia actual. El profesor Williams (2011) también sugiere que nombre sus pensamientos para que reconozca la ansiedad. Por ejemplo, podrías pensar, "Oh, esta es la ansiedad del alquiler." Si bien no hará que el problema de alquiler no pagado desaparezca, te hará darte cuenta de la frecuencia con la que tu cuerpo está en un estado estresado.

Prestar atención: Prestar atención a lo que está pasando a su alrededor ayuda a mejorar su productividad en el trabajo y en el hogar porque apreciará mejor el presente. Cuando empiezas a sentir estrés o ira, necesitas volver a la respiración. ¿Qué hace tu respiración? ¿Es superficial y rápido, lento y profundo? Usted no tiene que juzgar simplemente notarlo si puede, sentarse en algún lugar en una posición cómoda y simplemente relajar su cuerpo notando su respiración. Entonces observe cómo se siente su cuerpo. Relájese y respire profundamente y observe su entorno. Presta atención al momento. No trates de erradicar lo que tienes en mente; sólo reconocer que está allí. Debido a que estás practicando la atención plena, pronto descubrirás que ya tienes soluciones para muchos de tus problemas, pero tus pensamientos te están llevando a lugares con los que no puedes lidiar. Permita que estos pensamientos existan, pero no les atribuya valores negativos. Sólo sé que están ahí. Practica la atención plena cada vez que te sientas abrumado, o cuando estás al borde de un estallido de enojo.

Capítulo Once

Ejercicio

Según la investigación médica, el ejercicio físico es una estrategia importante para dominar la ira y el estrés (Malhorta, 2011). Si tienes estallidos incontrolables de ira que resultan en lesiones para ti o para los demás, entonces necesitas buscar ayuda profesional en tu primera oportunidad. Si sientes una ira inquietante que estás constantemente tratando de suprimir o quieres articular tus sentimientos de ira de una manera más aceptable, entonces usar la relajación como estrategia puede ayudarte a dominar esta emoción. Según la investigación médica, el ejercicio físico es una estrategia eficaz para disipar la ira y aliviar el estrés. A diferencia de los medicamentos recetados, el ejercicio no tiene efectos secundarios negativos y es particularmente útil si sientes que tu ira está a punto de explotar.

Por qué la ira es un peligro para la salud: Es un hecho probado que hasta dos horas después de una explosión de ira, usted está en peligro de un ataque al corazón. Cuando suprimes tu ira a largo plazo, esto puede conducir a enfermedades cardíacas. Los estudios también muestran que las personas propensas a estallidos de ira tienen más riesgo de padecer enfermedad coronaria que las personas más tranquilas (Malhorta, 2011). La ira que es constructiva no tiene fuertes vínculos con las enfermedades del corazón porque cuando tu ira se maneja adecuadamente, crea una situación en la que puedes abordar el problema, explicar tu ira constructivamente e intentar resolver problemas. Por lo tanto, se puede decir que la ira constructiva es un profesional normal y muy a menudo conduce a la resolución de problemas.

Sin embargo, cuando te indignas y explotas de ira, estás en peligro de tener un derrame cerebral. Cuando la gente dice, "Cálmate, tendrás un derrame cerebral", en realidad te están dando buenos consejos. No hay absolutamente ningún beneficio en estallar un vaso sanguíneo sólo para hacer su punto. Recuerda, sólo tienes una vida. Es tuyo vivir. No dejes que la ira gobierne tu vida. Además, la investigación médica indica que para las personas que pueden tener un aneurisma en una arteria del cerebro, un estallido de enojo podría ponerlos en mayor riesgo de sufrir un accidente cerebrovascular. La presión arterial alta puede ser la consecuencia de sentirse enojado o de problemas de ira no resueltos.

Al aprender más sobre cómo la ira te expone a los riesgos para la salud, no solo estás construyendo una vida más tranquila para ti y para los que te rodean; también está fortaleciendo su sistema inmunológico. Las personas que se sienten enojadas todo el tiempo generalmente están enfermas más a menudo que las personas que experimentan menos ira. Según la investigación de Harvard en el sistema inmunológico, los participantes que recordaron un estallido de enojo experimentaron una caída en su sistema inmunológico de anticuerpos. Cuando consideras que los anticuerpos son las principales células del cuerpo en la lucha contra la infección, entonces la ira no es una emoción que debes considerar a tu amigo.

Cuando estás enojado, el cuerpo proporciona energía en forma deadrenalina, que es una ocurrencia natural en respuesta a una amenaza. Cuando niegas tu ira o la entierras en lo profundo de ti, la adrenalina no tiene adónde ir,de ahí la experiencia del estrés crónico. Estar estresado todo el tiempo significa que usted está listo para la lucha o el vuelo todo el tiempo, y esto no es bueno para su sistema inmunológico. A partir de toda la información anterior, es fácil entender por qué el ejercicio físico es una buena estrategia para dominar su ira y estrés.

Haz un movimiento: Cuando haces ejercicio, quemas el exceso de calorías. Ya lo sabes. Pero estas calorías son ráfagas de energía. Cuando quemas energía, tu cuerpo libera endorfinas. Las endorfinas son cambiadores de humor. Si haces ejercicio lo suficiente y regularmente, tu ira se disipará. Estarás más preparado para considerar las razones por las que estás enojado, loque te permitirá tener la oportunidad de avanzar hacia una solución sin perder la calma.

Si quieres dominar tu ira, entonces necesitas hacer un movimiento. El ejercicio aeróbico es una de las estrategias más efectivas a la hora de aprender a dominar tu ira. Obtener una explosión de oxígeno y aumentar sufrecuenciacardíaca. No hay escasez de ejercicios aeróbicos para elegir, y usted no tiene que unirse a un club de fitness para hacerlo. El ejercicio aeróbicoes las arterias pulmonares y puede disminuir la presión arterial,lo que puede provocar menos estrés. La disminución del estrés da como resultado menos estallidos de ira incontrolados. Los aeróbicos se realizan regularmente y pueden reducir la ansiedad y estimular el sistema inmunitario y solo requieren unos minutos para obtener la sensación de calma deseada. Malhorta (2011), afirma que los ejercicios realizados por los participantes en un estudio de manejo de la ira encontraron una "correlación significativa entre los niveles más altos de aptitud aeróbica y la reducción deseable en las puntuaciones de ira entre los participantes del estudio" (pág. 134).

Durante esta segunda semana de tus estrategias para dominar la ira y el estrés, tómate un poco de tiempo para considerar tu estilo de vida. Tal vez no tengas tiempo para hacer ejercicio. Tal vez no te guste. Ahora es el momento de reevaluar su tiempo y la forma en que lo gasta. Si usted está luchando por una vida más tranquila y productiva que sea relativamente libre de estrés, entonces un régimen de ejercicios debe ser incluido en su plan. Para la mayoría de los adultos, se recomienda que usted debe apuntar a alrededor de 150 minutos de ejercicio aeróbico moderado a intenso por semana (Malhorta, 2011). Para ráfagas más cortas de ejercicio, solo la mitad del tiempo se pasa igual de bien si se trata de ejercicios aeróbicos intensos. Si no estás acostumbrado al ejercicio aeróbico, es posible que no estés seguro de lo que es ejercicio moderado en comparación con el ejercicio vigoroso. Cuando realizas ejercicios moderados, tu frecuencia cardíaca aumentará, y esa frecuencia de tu respiración aumentará, pero deberías ser capaz de entablar una conversación sin jadear por el aire. La conversación, o hablar, se vuelve más difícil cuando usted está involucrado en un ejercicio vigoroso. Para dominar tu ira y estrés, necesitas apuntar durante al menos diez minutos cada día. Si usted es nuevo para hacer ejercicio, entonces tenga especial cuidado. Haz lo que puedas hasta que hayas alcanzado un nivel de condición física con el que te sientas cómodo. Usted puede ser entusiasta e impaciente por los resultados, pero debe ser cauteloso cuando comience. Incluso los pasos del bebé cuentan al final.

Ejercicio aeróbico: No faltan regímenes de ejercicios en Internet. Casi con seguridad encontrará algo que puede lograr para encajar en su rutina diaria.

Caminar: La mayoría de las personas no podrían encontrar una excusa para no usar caminar como parte de una rutina de fitness. Usted puede tener un trabajo que requiere que camine bastante durante el día, o puede ser una madre que se queda en casa que está persiguiendo a los niños todo el día. Sin embargo, caminar como una estrategia para dominar el estrés y la ira debe ser considerado como algo diferente. El propósito de caminar es calmar los nervios y reducir los tiempos en que te enfureces. Por lo tanto, piense en caminar de una manera más constructiva. ¿Puedes encontrar el tiempo para caminar alrededor de una hora dos o tres veces a la semana? Caminar con energía o caminar enérgicamente aumenta lafrecuencia cardíaca y disminuye la presión arterial, lo que reduce el estrés. Si practicas la atención plena durante tus caminatas, los beneficios para tu bienestar serán muchos. Tal vez usted puede caminar al trabajo o dar un paseo mientras los niños están en la escuela. Si hay un parque cerca de su casa, entonces conózate con él. Usted puede ser gratamente sorprendido por cómo se siente cuando usted está en el aire fresco rodeado de naturaleza. No cuesta nada caminar. Un par de zapatos resistentes para caminar puede ser tu desembolso inicial y un impermeable decente para los días de lluvia, y ya estás listo para ir. Si no puedes salir al aire libre, echa un vistazo a una cinta de correr, no tiene que ser nuevo. Si usted tiene espacio para uno en su casa (por supuesto, muchas personas no), entonces puede valer la pena la inversión, particularmente en momentos de estrés extremo que podría conducir a un estallido de enojado.

Baile: Bailar para ponerse en forma es ahora un gran negocio en Estados Unidos con muchas clases que ofrecen hip-hop, swing y salón de baile. Para perder peso, cuanto más rápido sea el ritmo, mejor. Sin embargo, para reducir los niveles de estrés e ira, cualquier tipo de baile calmará los nervios. Bailar es una actividad divertida. Como parte de tu rutina de ejercicios, te sentirás vigorizado y renovado. Si desea dominar su ira, entonces usted puede preferir una actividad de baile optimista como Zumba. Esta actividad sin duda reducirá su presión arterial y liberará esas endorfinas que se sienten bien. La belleza de la danza, como tantos ejercicios aeróbicos es que no es necesario unirse a una clase. Ahorre tiempo en su día para boogie. Enciende la radio y baila. Si cantas, entonces es aún mejor. Una vez más, no se puede enfatizar lo suficiente que los problemas de estrés y ira a menudo conducen a la depresión o baja autoestima, y puede ser difícil cantar y bailar a veces cuando te sientes simplemente terrible. Recuerda, esta es una estrategia para ayudarte a sobrellevarlo. No se espera que finja que no tiene problemas. Cuando enciendas esa radio, deja que tus problemas existan en tu mente. Déjalos bailar alrededor de los rincones de tu conciencia porque porun tiempo vas a pensar en algo diferente. Escucha la música. Siéntala en su cuerpo,y por un corto tiempo, diviértase.

Prueba el Gimnasio: Para las personas que pueden estar luchando con deudas, los clubes de gimnasio pueden estar fuera de la cuestión porque muchos son bastante caros de unirse. Si este es el caso, busque clubes de gimnasia gratuitos donde puede pasar un corto tiempo. No hay razón aquí para entrar en gran detalle sobre las instalaciones. La mayoría de los gimnasios tienen máquinas de bombas de piernas, steppers, bicicletas y cintas de correr. La ventaja de ir a un gimnasio es que debes utilizar diferentes máquinas de ejercicio para diferentes músculos, obteniendo así resultados donde los necesites. Si bombear hierro es algo que crees que te ayudará a dominar tu ira, entonces ve a un gimnasio. Sin embargo, hay cosas que puedes usar en el hogar o incluso en la oficina. Usar una bolsa de ponche (boxeo) puede ser una manera muy útil de aumentar la frecuencia cardíaca y reducir los niveles de estrés. Si tiene escaleras en su edificio de oficinas, úselos en lugar del ascensor. Haz tu propio paso a paso. Siempre que sea robusto y no se volque, entonces usted puede ejercir un trabajo en su paso a paso siempre que lo necesite. Sé creativo. Hay muchas maneras de usar aeróbic de gimnasio de forma gratuita.

Natación: Con prácticamente ningún impacto, la natación es uno de los mejores ejercicios aeróbicos para aliviar el estrés, especialmente si lo combinas con la atención plena. Olvida tus problemas por un tiempo, y siente que el agua desnata sobre tu piel. Siente que la tensión sale de tu cuerpo. Los aeróbicos acuáticos son especialmente divertidos, y vale la pena ver lo que está pasando en su piscina local.

Correr/Jogging: Sólo considera correr o correr si descubres que caminar se ha vuelto demasiado fácil y no te desafía lo suficiente. Tienes que estar en forma para empezar a correr. Para comenzar un régimen de correr o correr, a pocos metros de trotar mientras caminas. Si eres capaz de acumular estiramientos largos, entonces correr o trotar puede ser justo lo que necesitas para ayudarte a dominar tus problemas de ira. Es altamente aeróbico, raises su frecuencia cardíaca y liberaes sus endorfinas se sienten bien a un nivel que reduce su estrés y calma su ira.

Ciclismo: No tome su ciclo para dar un paseo si usted está extremadamente enojado. Esto va para tu auto también. Si bien el ciclismo es una buena actividad aeróbica a menos que puedas practicar la atención plena al mismo tiempo, es desa avisable tomar la carretera cuando estás gritando loco. Sin embargo, puede haber áreas cerca de donde vives que proporcionan espacios abiertos donde puedes salir en bicicleta del daño de cualquier persona. El ciclismo aumenta lafrecuencia cardíaca y tiene un gran valor aeróbico. Usted necesita prestar atención cuando usted está en bicicleta, así que practicar la atención plena al mismo tiempo. Si realmente te motivas, ¿por qué no unirte a un club de carreras?? Las carreras sin duda aumentarán su actividad aeróbica. Sin embargo, solo andar en bicicleta por el parque es una gran manera de reducir el estrés. No puedes evitar apreciar la sensación de bienestar cuando viajas por el parque, con el viento en la cara y el ritmo de las ruedas girando debajo de tus pies.

Capítulo Doce

Relajar la Mente

Ser capaz de relajar tu cuerpo completamente es crucial a la hora de dominar tus sentimientos de estrés y enojo. Aprender a usar esta estrategia vale la pena todo el esfuerzo, incluso si crees que no tienes tiempo o inclinación para hacer de la relajación una parte de tu régimen diario. La ira es una reacción humana. Advierte a nuestro cuerpo que algo no está bien. Sentir constantemente la ira que estalla en vandalismo o lesiones a los demás requiere atención. Si tienes arrebatos incontrolables, debes ver la ayuda de un terapeuta profesional. Si sientes un estrés y una ira inquietantes que estás tratando constantemente de suprimir, o eres incapaz de articular tu ira de una manera aceptable, entonces usar la relajación como estrategia puede ayudarte a dominar estas emociones debilitantes.

Deja de hablar contigomismo: Como se muestra en los capítulos anteriores, las conversaciones que tenemos en nuestras cabezas pueden drenar nuestra energía. Las discusiones negativas que van de vuelta y vuelta en nuestras cabezas rara vez resuelven nada. Simplemente nos hacen sentir enfermos y cansados de nosotros mismos. Afortunadamente, hay estrategias para lidiar con estas conversaciones negativas. El ejercicio de relajación es una de esas estrategias. Esto no significa que tengamos que contemplar en la posición de yoga durante horas. Hay muchas maneras de relajar nuestras mentes y nuestros cuerpos. En pocas palabras; necesitas desarrollar maneras de relajar tu mente, de calmarla y calmar el monstruo retumbando que constantemente vaga por tu cabeza.

Escríbelo todo: Esta estrategia no es para todos. Algunas personas encuentran que escribir o llevar un diario es estresante porque escribir no es fácil, particularmente escribir a mano. Sin embargo, vale la pena intentarlo. Escribir a mano puede ser muy relajante. Una técnica es escribir una carta a alguien, describiendo tu ira. Dar un golpe por golpe de su ira y por qué está tan enojado, a menudo calma la mente y disipa la ira. Por supuesto, no se recomienda que envíe la carta. Escribirlo todo y luego destruirlo ayuda a librar a tu mente de la conversación enojada que llevas en tu cabeza. Algunas personas sugieren que llevar a cabo un ritual de destrucción también ayuda a librar a la mente de las conversaciones negativas: quemar la carta o triturarlo en trozos diminutos envía un mensaje al cerebro de que usted ha terminado con esta conversación.

Meditación y Mindfulness: Ya hemos discutido la atención plena en un capítulo anterior. Sin embargo, vale la pena mencionarlo aquí porque es un ejercicio de relajación eficaz para la mente atribulada. La meditación obliga a tu mente a concentrarte en el aquí y el ahora. Solo unos minutos cada mañana, centrarse en el presente puede aliviar su estrés. Si estás enojado con alguien, perdónalos durante tu período de meditación. Muchos estudios han demostrado que el perdón es una gran manera de calmar la mente porque promueve el pensamiento positivo.

Nuevas perspectivas: Las historias que están corriendo a través de tu mente cuando estás enojado o estresado son casi con seguridad negativas. Es hora de darle a tu mente consciente unas vacaciones de pensamientos negativos. Busca lo bueno en la gente. Busca la belleza del mundo. Usted encontrará que siempre hay algo que puede dar gracias por. Di gracias por la hermosa puesta de sol, así que gracias por la canción de pájaros al amanecer. Diga gracias por estar lo suficientemente bien como para ganarse la vida, o que sus hijos no estén enfermos. Sé positivo. Practica todos los días para apartar tu mente de los pensamientos negativos. Estar presente.

El héroe/heroína de tu propia historia: Dominar tu estrés y tu ira significa que has superado el impulso de arrancarle la cara a alguien, y ya no tienes esos aleteos de ansiedad en el estómago cuando te despiertas por la mañana. La vida ahora es tranquila, tranquila y productiva. Todavía tienes que lidiar con problemas, ya sean financieros, matrimoniales o basados en el trabajo. Sin embargo, ahora tiene más energía para hacer frente a estos problemas. Eres proactivo, y poco a poco, tus problemas están empezando a aliviarse. Usted se complace en saber que está manejando sus asuntos domésticos, profesionales y financieros de una manera madura y relativamente libre de estrés.

Esto no es sólo un sueño. Ahora es el momento de comportarse como si hubiera logrado estos objetivos. El cerebro solo entiende las emociones tal como las percibe en tu cuerpo. La mente sobre la materia no es un concepto desconocido. Cree que has logrado tus objetivos. Sé la estrella de tu propia historia. Sé el amo de tus emociones. A medida que avanzas en tu día, piensa positivamente. Actúa como si ya hubieras alcanzado tus metas. Sé amable, agradece. Lo que estás luchando está aquí.

Alimentos para el pensamiento: Ha habido muchos estudios en animales para determinar cómo ciertos alimentos pueden estimular la actividad en el cerebro. Algunos estudios han revelado que ciertos números electrónicos en los alimentos pueden causar que los niños se vuelvan demasiado activos. El exceso de azúcar en la dieta puede causar exceso de actividad y alt bajos en el comportamiento emocional. Los dietistas han sabido durante muchos años que los alimentos ricos en ciertas vitaminas son ventajosos, proporcionando nutrientes muy necesarios para que el cuerpo prospere.

Pescado: Los alimentos que son ricos en ácidos grasos omega 3, como el pescado graso, ahora se aceptan como una manera de garantizar una buena salud del cerebro. La razón de esto es porque los productos químicos EPA (ácido eicosapentaenoico) y DHA (ácido docsosahexaenoico) se encuentran en el pescado aceitoso. Estos productos químicos pueden contribuir a la regulación de la dopamina, el químico asociado con la motivación y la recompensa (Elliott, 2017). Por lo tanto, es posible que el consumo de pescado como salmón, sardinas y arenques puede calmar la ansiedad.

Chocolate Oscuro: Comer chocolate puede ser una forma relajante de pasar unos minutos. Sin embargo, la grasa y el azúcar en el chocolate con leche pueden ser malos para la salud y contribuir a altos niveles de ansiedad si se consume demasiado. Sin embargo, comer pequeñas cantidades de chocolate negro puede tener un efecto beneficioso. Se sabe que el chocolate negro contiene antioxidantes (flavonols), que son buenos para la salud de las arterias. Es posible que preguntes qué tiene que ver esto con los sentimientos de estrés y ira. Un mejor flujo de sangre al corazón y al cerebro contribuye a la capacidad de una persona para hacer frente a experiencias estresantes. Obviamente, si usted es más capaz de lidiar con situaciones difíciles, usted estará menos estresado y menos propenso a experimentar un estallido de enojado. No hay que pasar por alto que el elemento reconfortante en la alimentación de chocolate también contribuirá a sentimientos de relajación.

Té de hierbas: Hay una serie de infusiones en el mercado que pretenden reducir el estrés. En primer lugar, es importante tener en cuenta que la actividad misma de hacer una taza de té y beberlo en un lugar tranquilo reducirá su estrés,, cualquiera que sean los ingredientes. Dicho esto, hay algunos tés que te pueden gustar probar que tienen ingredientes calmantes en ellos. Té de manzanilla se ha recomendado durante mucho tiempo para reducir el estrés y promover el sueño reparador. Si usted es fácilmente propenso a la ira, entonces la manzanilla es particularmente útil para calmar los nervios. Si las cosas no van bien en el trabajo, entonces hacer una taza de té de manzanilla en su descanso le ayudará a reducir sus sentimientos de ira. Té de cúrcuma ahora está ganando popularidad con muchas tiendas de alimentos saludables elogiando sus propiedades saludables. Esta especia, utilizada principalmente en la cocina, contiene la curcumina compuesta, que se cree para prevenir la ansiedad. Muchos creen quela cúrcuma ayuda a la absorción de ácidos grasos en el torrente sanguíneo. La cúrcuma tiene propiedades antiinflamatorias que apoyan las células sanas del cerebro. La forma más fácil de consumir cúrcuma es beberlo en el té.

Miel: La miel es una de las favoritas de mucha gente. Se cree para reducir el estrés e incluso evitar la depresión. Si usted tiene un diente dulce, a continuación, asegúrese de que siempre tiene un frasco de miel en su despensa. También es versátil. Se puede utilizar para endulzar tés, y es bueno para tortitas y desiertos. Se cree que consumir miel reducirá sus niveles de estrés y proporcionará una ráfaga rápida de energía cuando la necesite.

Formas extravagantes de relajarse: Cuando el impulso de explotar con ira, viene llamando, usted necesita ser capaz de disiparlo rápidamente. Durante las últimas dos semanas, usted ha estado adoptando estrategias a largo plazo. Estas estrategias son rápidas para recurrir a métodos que te ayuden a superar momentos de ira extrema. Cuando estás en un estado de ira extrema, y te sientes a punto de perder el control, siéntate y pon la cabeza entre las rodillas. Este es un simple gesto que has visto a la gente hacer muchas veces cuando están estresadas o enojadas. Sin embargo, hay ciencia en este gesto. Colocar la cabeza más baja que el corazón ayuda a restaurar los niveles de adrenalina para que el cerebro no se deslice en modo de lucha o vuelo. Tiene un efecto calmante inmediato. Otra estrategia es tensar los músculos durante un par de segundos y luego relajarse. En una situación difícil, es posible que no puedas irte y relajar todo tu cuerpo, pero cuando necesites calmarte rápido, tensando tu cara, hombros, cuello y brazos y luego relajarte funcionará igual de bien. Otro truco es contar hacia atrás desde cien. Puedes gritar esto o simplemente decirlo en tu cabeza. Deberías empezar a calmarte antes de llegar a los 80. Un truco que algunas mujeres usan es frotar loción en sus manos. No hay razón por la que los hombres no puedan hacer esto también. El acto de masajear tus manos tiene un efecto calmante, que te ayudará cuando sientas que estás llegando a un punto de ebullición. Sé el amo de tus rabias. Usa estos trucos para lidiar con tus sentimientos de ira de manera efectiva.

SEMANA TRES

Capítulo Trece

No Estás Solo

Cuando estás estresado y enojado, te sientes aislado. Te sientes fuera del mundo. Nadie más entiende cómo te sientes, y peor aún, nadie más se siente tan mal como tú. Esto no es cierto. El estrés, la ansiedad y los sentimientos de ira son experimentados por todos, pero para algunas personas, el estrés se vuelve crónico. Su salud física y mental se deteriora, y el círculo vicioso de la escasez sigue girando. Las investigaciones realizadas sobre salud mental revelan que el estrés crónico se está convirtiendo en una epidemia en Estados Unidos. El estrés, como has aprendido en los capítulos anteriores, es el resultado de muchos factores como el medio ambiente, las circunstancias económicas, el trabajo y las relaciones. Lo que preocupa a los expertos en salud es que el estrés crónico, el tipo que afecta a la salud y el bienestar, se está convirtiendo en un problema nacional.

Estrés crónico: Usted puede acostumbrarse a vivir con estrés crónico. Se convierte en parte de tu personalidad física y emocional. ¿Cuántas veces le has dicho a la gente, "Oh, no soy un buen durmiente" o "Soy un durmiente muy ligero". Tal vez usted es la persona que se enfría en el más mínimo cambio en la temperatura o sus alergias empeoran año tras año. Estos sucesos pueden ser sintomáticos del estrés crónico. Tal vez ya lo sepas, pero no sabes cómo lidiar con eso. Sabes que te pones y giras por la noche, rumiando sobre cosas que no puedes cambiar. Este es el tipo de estrés que los expertos en salud ahora están prestando atención también;; el tipo de estrés que daña el sistema inmunológico,que afecta nuestro estado de ánimo, y afecta nuestro trabajo y las relaciones.

Las investigaciones llevadas a cabo por psicólogos y expertos en salud afirman ahora que los Estados Unidos no están abordando el estrés crónico como un problema de salud mental. Una de las causas, dicen los investigadores, es la falta de profesionales de la salud eficaces para apoyar a las personas con estrés crónico (Everyday Health, 2018). Por lo tanto, la gente busca ayuda y orientación en los lugares equivocados. Las redes sociales son uno de esos lugares, que los expertos en salud creen que magnifica el estrés haciéndolo tóxico. Una de las cosas más importantes que debes quitar de este capítulo es que no estás solo en tu lucha contra el estrés y la ira. Sólo admitir esto reducirá sus niveles de estrés. Es hora de cuidar de usted para que usted cuide de los demás. Las investigaciones indican que las mujeres son más propensas que los hombres a interiorizar sus sentimientos de estrés. Sin embargo, dado que el estrés se manifiesta de muchas maneras diferentes, los hombres que son el sostén de la familia pueden no reconocer que el estrés involucrado en su vida laboral no es estrés saludable.

Estadísticas: Según Everyday Health (2018), "Casi un tercio de los encuestados dicen que visitaron a un médico sobre algo relacionado con el estrés". Un tema interesante que salió de la encuesta reveló que "51 por ciento" de las mujeres encuestadas dijeron que en una semana promedio, es poco probable que vean amigos o pasen tiempo con ellos. La encuesta también informó que los baby boomers (59 por ciento) nunca habían tenido causa para ser diagnosticados con estrés crónico, mientras que "57 por ciento de Gen Zers ya lo había sido" (pág. 1). Al discutir la naturaleza del estrés, más de un tercio de los encuestados afirmaron que su trabajo remunerado o sus carreras causaron estrés constante. La encuesta también reveló que el estrés crónico entre los encuestados en los grupos milenario y Gen Zer aumentó al "44 por ciento" (pág. 1). Cuando la encuesta se centró en preguntas sobre la apariencia personal, reveló que un significativo "51 por ciento" de las mujeres tenía sentimientos negativos acerca de su apariencia. Eso es más de la mitad de las mujeres encuestadas. El porcentaje fue menor entre los hombres, en el "43 por ciento". Estas cifras revelan que la imagen corporal es una de las principales causas de estrés entre las mujeres. Con estas cifras en mente, y si usted está preocupado por su imagen corporal, entonces es el momento de reevaluar su vida y preguntarse por qué estos problemas importan tanto para usted. Agradece quién eres. Agradece las cosas que tienes. Toma un respiro y pregúntate si el estrés sobre cómo te comparas con los demás es realmente cómo quieres gastar tu tiempo y energía.

Todos estamos afrontando el estrés constante: No estás solo. América moderna genera estrés por las cargas del cubo. Estados Unidos está experimentando política inestable, tiroteos masivos y un cambio climático desastroso. Estos factores estresantes no hacen que la tranquilidad. Si a esto le sumamos su vida doméstica y social, cuestiones como el cuidado de un miembro de la familia, el malabarismo de sus finanzas o aferrarse a su trabajo por las uñas, contribuyen a la cantidad de estrés que se le agotó. Aprende una cosa esta semana sobre el estrés que llevas contigo en el día a día. Puedes dominar esto reconociendo que hay mucho que no puedes cambiar en el mundo. Incluso teniendo en cuenta los acontecimientos en Estados Unidos y en el mundo en general, hay mucho por lo que estar agradecido. Recuerda, a medida que comienzas a usar estrategias para combatir tu estrés y tu ira que hacer frente al estrés porque no puedes cambiar las cosas, no es la respuesta. Puedes cambiar tu mundo ahora, hoy cambiando tu perspectiva y abordando cómo te sientes ahora y lo que le está pasando a tu cuerpo ahora.

La Encuesta Stress in America reveló pruebas sorprendentes que muestran que muchas personas viven diariamente con medidas inaceptables de estrés y enojo. Preguntado en una escala de 1 a 10, cuánto estrés experimentaron, el número promedio fue 8. Incluso los investigadores se sorprendieron por este resultado. La falta de apoyo emocional y la soledad fueron factores significativos para causar estrés, que puede resultar en enfermedades cardiovasculares y cánceres. Sin embargo, se encontró que las preocupaciones de dinero eran la fuente más común de estrés crónico. Un impresionante 44 por ciento de las personas estadounidenses involucradas en la Encuesta de Mutuel del Noroeste (APA, 2017) dijeron que el dinero era una fuente primaria de su estrés; la cifra era mucho menor para las relaciones personales, que se situaba en el 25 por ciento y sólo en el 18 por ciento para las cuestiones relacionadas con el trabajo. Según los expertos en salud, el estrés monetario está afectando a la salud de los trabajadores en general. Para apoyar esta estadística, los expertos en dinero afirman un máximo histórico de deuda de tarjetas de crédito en 2017, situándose en un asombroso "$1 billón" (pág. 1).

El costo para nuestra salud y bienestar: Usted ha aprendido en las dos semanas anteriores cómo el estrés y la ira cam afectan a su salud y bienestar. Las encuestas realizadas sobre el impacto del estrés crónico y la ira te han demostrado que no estás solo en tu lucha. Para recordarle lo importante que es armarse con estrategias para dominar su estrés, a continuación se presentan las graves consecuencias de lidiar con el estrés financiero. La depresión es una de las consecuencias más comunes del estrés monetario. Si el dinero hace un alto nivel en la lista de factores de estrés negativos, no es difícil entender por qué los expertos en salud están llamando al estrés crónico una epidemia. El estrés del dinero da lugar a sentimientos de impotencia,, y en su extremo, puede conducir al suicidio. Según APA (2017), los síntomas del estrés, como no poder dormir, o sentimientos de ansiedad, afectan al 60 por ciento de los trabajadores. Los dolores de cabeza por migraña también están relacionados con el estrés monetario. Cuanta más migraña sufra estrés por sus finanzas, más migrañas tendrán. Los problemas digestivos también están relacionados con el estrés, junto con las úlceras y el SII. Las personas que tienen dificultades con la deuda son más propensas a ser diagnosticadas con úlceras. La presión arterial alta y los ataques cardíacos también están en aumento en Estados Unidos y están estrechamente relacionados con las preocupaciones de dinero. Una encuesta reciente de Gallup también reveló que muchos estadounidenses reportaron experiencias negativas relacionadas con sus vidas financieras, con estrés en lo más alto de su lista de preocupaciones cuando visita a un médico. Al mirar más de cerca la evidencia, se descubrió que losmenores de 50 años que estaban experimentando bajos ingresos eran más propensos a presentar con problemas de estrés y ira. Además, en comparación con los porcentajes en todo el mundo, que se encuentran en el 35 por ciento, la encuesta mostró que el 55 por ciento de los estadounidenses experimentan estrés la mayor parte del día.

Ruptura de fenómenos de estrés: Las estadísticas son sombrías cuando se trata de contar el costo del estrés y la ira. Es hora de dominar el tuyo. Saca tu actitud negativa del estadio. No necesitas capear tus tormentas sofocando tu estrés o estallando en una ira incontrolable. La autoayuda va un largo camino hacia convertir su caos en tranquilidad. No puedes resolver los problemas del mundo, y no resolverás tus preocupaciones de dinero de la noche a la mañana, pero puedes tomar el control de tus emociones reconociendo lo que el estrés hace a tu cuerpo y mente. No seas una estadística. Según un informe en el New York Times (2019), 1917 fue el año más sombrío durante más de diez años. Curiosamente, el estrés crónico disminuyó en todo el mundo, mientras que "la ira aumentó. La preocupación y la tristeza alcanzaron nuevas alturas..." (pág. 1). Dominar tu estrés cambiará tu vida. Serás más saludable, más feliz y más capaz de lidiar con tus problemas. Vivir en la línea de pobreza no es divertido para los estándares de nadie, pero mejorar su salud física y mental y dominar su estrés y su ira, puede ser la clave para abrir nuevas puertas. Lo mismo puede decirse de la lucha con las relaciones. El capítulo dieciséis le proporcionará estrategias para reducir su estrés y enojo al hacer frente a la separación, la pérdida y el divorcio. Las estrategias de autoayuda te ayudarán a sobrevivir y florecer en el mundo moderno.

Capítulo Catorce

Obtener Apoyo

En el capítulo anterior, aprendiste que, sin embargo, aislado, puedes sentir que no estás solo. Hay personas que viven en tu vecindario, en tu edificio, en tu ciudad, que están experimentando las mismas preocupaciones que tú. No hay verguenza en sentirse abrumado o ansioso. Si tus arrebatos de ira te han alienado de la familia, los amigos y los colegas del trabajo, entonces es hora de hacer las paces, tanto contigo mismo como con los demás. Ninguna guía para dominar tu estrés y tu ira podría estar completa sin discutir los tipos de apoyo que puedes obtener al luchar contra tus emociones negativas. Cuando te sientes bajo, deprimido o generalmente enojado con el mundo, entonces necesitas todo el apoyo que puedas obtener. A menudo, las personas acuen a sus familias en busca de apoyo emocional o amigos cercanos. Y sin embargo, todavía puede sentir que necesita ayuda adicional. Este capítulo considera algunos de los beneficios del apoyo de familiares y amigos, grupos comunitarios y terapeutas.

Familia y amigos: No se equivoquen; el apoyo social no le quita su autonomía. No te hace ver débil e incapaz. Es todo lo contrario. Aprovechar el apoyo emocional, ya sea que lo pidas o si se ofrece,, te hará sentir más fuerte. Tu autoestima aumentará, y te sentirás mejor capaz de dominar tu estrés y tu ira. No es necesario rodearse de muchas manos capaces. Esto podría ser contraproducente cuando ya te sientas abrumado. Sin embargo, un pequeño grupo de amigos y familiares puede marcar la diferencia, lo que le permite sentir un sentido de pertenencia. Puede ser que tengas un amigo en particular en el trabajo que simpatiza con tu ansiedad. Los compañeros de trabajo cercanos pueden ser especialmente bienvenidos si su ansiedad y enojo están relacionados con el trabajo. Compartir cómo te sientes y las razones por las que te sientes tan enojado con un colega comprensivo puede calmar a la bestia salvaje que se enfurece dentro de ti. Es hora de que abras. La probabilidad es que tu amigo ya sea consciente de que estás luchando con el estrés. No seas tímido al hablar de tu ansiedad con un vecino. A veces la gente tiende a rehuir revelar sus debilidades percibidas a un vecino, incluso si los consideran amigos porque la mayoría de las personas tienen un sentido inherente de privacidad y no desean que sus vecinos sepan cómo viven a puerta cerrada. Esta es una de las razones por las que la violencia doméstica puede pasar desapercibida por los vecinos y amigos cercanos. Sin embargo, llegar a su calle o edificio, a las personas dispuestas a apoyar usted puede conducir a una gran cantidad de ventajas.

Usted y la Comunidad Más Amplia: Cuando usted está creciendo su red de apoyo, recuerde que las personas tienen diferentes habilidades y diferentes métodos para apoyarlo. Si te enojas en el trabajo porque te pasan por alto en la escalera de promoción, es posible que tu pareja doméstica no pueda brindarte todo el apoyo que necesitas. Un hermano o hermana puede estar donde está tu apoyo. Ellos te conocen y entenderán por qué estás tan enojado.

Siempre que estés todavía cerca,, ellos serán capaces de empatizar con su estrés al igual que un colega de trabajo. Hay una gran diferencia entre alguien que simpatiza con sus necesidades (y todos necesitamos un poco de simpatía a veces) y alguien que es empático. Cuando una persona muestra empatía, se está poniendo en tu lugar. Están caminando en sus zapatos para entender mejor el tipo de apoyo que necesita. Una pareja íntima puede ser muy comprensiva, pero puede que no entienda cómo se siente trabajar en un ambiente estresante. Tener un vecino como confidente puede ser extremadamente bienvenido si usted está encontrando su ambiente hogarado estresante. El punto que se hace aquí es que cuanto más variada sea tu red social, más probable es que recibas el apoyo que necesitas. Redes, comunitarias, como los clubes sociales y la iglesia local,, unabuena manera de involucrarse. Incluso si no compartes tus sentimientos de estrés, pertenecer a un grupo social te ofrece una distracción muy necesaria.

Hacer el trabajo: Requiere tiempo y esfuerzo para construir una red de soporte. En realidad tienesque tender lamano, lo que puede ser difícil si estás tan estresado que te resulta difícil socializar. Sin embargo, esta es una estrategia probada para dominar su estrés y la ira. Puede parecer inimaginable que puedas unirte a un club social o gimnasio mientras tu autoestima es tan baja o tu estrés y ansiedad son tan malos que no puedes concentrarte en nada, y aquí es donde necesitas hacer un esfuerzo. Unirse a un club le dará el tiempo necesario para conocer a la gente para que sepa en quién puede confiar y en quién debe evitar cuando se trata de divulgar información sobre usted mismo. Es fácil hacer conexiones negativas cuando te sientes bajo. Ten cuidado con los nuevos conocidos, para empezar. Sin embargo, vale la pena recordar las estadísticas discutidas en el capítulo anterior. No estás solo. Quién sabe, puede haber alguien en tu red social que busque el mismo apoyo que tú. Si te quedas en casa, nunca lo sabrás. Una buena manera de llegar a la gente es ser amable y abierto. Pregúntale a las personas cómo se sienten en lugar de pensar en cómo te sientes. Ofrezca asistencia a sus vecinos si los ve luchando con los comestibles pesados o el corte de césped. Dar siempre es mejor que recibir. Si crees en la ley de la atracción, entonces tenderle la mano a los que te rodean resultará en todo tipo de recompensas.

Obtener un interés: Muchas personas que sufren estrés e ira a menudo abandonan aficiones e intereses. En el desafío de dominar tus emociones, es hora de retorme usarlas. Por supuesto, cuando los intereses han sido abandonados por cualquier razón, a veces es difícil volver a ellos, sobre todo porque es posible que hayas envejecido desde la última vez que esquió o ala ahorca. Puede que ya no sea el tipo de deporte que te interese. Pero esto dicho, hay un montón de actividades que pueden distraerte de tus preocupaciones. Ya hemos discutido los beneficios de unirse a un gimnasio, así que ahora tienes que pensar en unirte a uno para hacer amigos. Los clubes de senderismo son una gran manera de dominar su estrés y la ira. Si bien es beneficioso caminar solo para meditar o practicar la atención plena, es igualmente beneficioso unirse a un grupo a pie para la empresa y hacer nuevos amigos. Los grupos de drama, danza y canto son excelentes maneras de llegar a los demás de tu comunidad. Naturalmente, te tomará tiempo hacer amigos y encontrar personas en las que puedas confiar y confiar, pero reunirte con personas con un interés compartido aumenta la autoestima y reduce el estrés y la ansiedad. Durante una o dos horas, puedes vivir el momento.

Terapia: La terapia es el primer puerto de llamada para algunas personas que no pueden controlar su ira. Sin embargo, hay tantas personas que rehúyen ir a ver a un terapeuta. El estigma asociado a la terapia de salud mental sigue vivo y bien, con muchas personas evitando este tratamiento por miedo a perder su trabajo o parecer débiles e incapaces. Sin embargo, es mucho más aceptable en los Estados Unidos visitar a un terapeuta que en muchos otros países occidentales. En algunos casos, los planes de salud ocupacional cubrirán el costo, por lo que vale la pena comprobarlo. Los estallidos de ira fuera de lugar son problemáticos porque pueden salirse de control. Si se trata de esta guía es una gran cantidad de estrategias para dominar su ira en sólo tres semanas, tomar consejos profesionales pagará dividendos si su ira es incontrolable. El papel del terapeuta es ayudarte a reconocer los desencadenantes de la ira. También podrán sugerir estrategias de afrontamiento que te ayudarán a controlar tu ira.

¿Mi ira está fuera delugar? Cuando estás demasiado cerca de una situación difícil, a veces es difícil creer que tu ira está fuera de lugar. Te sientes justificado en tus arrebatos, y cuando comienzan a afectar tus relaciones y tu carrera, entonces te sientes aún más victimizado y puesto. Los terapeutas pueden ayudarte a ver por qué tu ira está fuera de lugar. Esto te ayuda a llegar a un acuerdo con el conocimiento de que tu ira incontrolada es un comportamiento inaceptable. La ira viene en muchas formas. Algunas personas pueden nutrir su ira, alimentándola con todos los leves percibidos, mientras que otras pueden tener un fusible muy corto y estallar sin previo aviso.

Es importante saber cuándo tu ira es una respuesta justificada a una injusticia, o si tu ira es tan descontrolada que estás en peligro de lastimarte a ti mismo o a los que te rodean. La terapia puede ayudarte a notar la diferencia. Para darle un ejemplo de esto, a veces la ira obtiene el resultado que desea. Esto podría ser algo simple, como hacer que los niños ordenen sus habitaciones. Sin embargo, a largo plazo, esto puede afectar las relaciones familiares y ponerlo en riesgo de tener enfermedades cardíacas y presión arterial alta. El terapeuta te sugerirá estrategias de afrontamiento y también te ayudará a entender la relación entre la ira y la mala salud

Los beneficios de la terapia: La investigación ha indicado que "el 75 por ciento de las personas que recibieron terapia de manejo de la ira mejoraron como resultado" (APA, 2019. p. 1). Los terapeutas utilizan una variedad de métodos basados en la evidencia al tratar la ira. Uno de estos métodos es la terapia familiar. La ira en el hogar puede tener graves consecuencias, especialmente cuando se trata de violencia doméstica. La terapia familiar está diseñada para involucrar a toda la familia en un esfuerzo por resolver el conflicto entre las parejas íntimas y los niños.

La terapia puede ayudar a los miembros de la familia a comunicarse mejor. También ofrece una oportunidad para que los socios y los niños trabajen con el miembro agresivo de la familia para ayudarlos a manejar su ira. La terapia conductual es otro método para tratar la ira. Este método ayuda al paciente a reconocer cómo sus patrones de pensamiento pueden ser fuera de lugar o inexactos. Por ejemplo, es posible que los compañeros de trabajo no sean deliberadamente antipáticos o que la negativa de su gerente bancario a darle un préstamo no sea personal. La terapia conductual enseña a las personas a identificarse por sí mismas de las imágenes para que puedan controlar su ira y comenzar a cambiar su comportamiento. En general, usted podría beneficiarse enormemente de ver a un terapeuta. Puedes esperar explorar los desencadenantes que desencadenó tu ira. Usted será capaz de discutir con su terapeuta, sin juicio, si sintió que sus arrebatos estaban justificados o no, y si estaba en peligro de hacerse daño a sí mismo o a los demás. Ver a un terapeuta te ofrece la oportunidad de pensar de una manera más constructiva, e incluso quizás arreglar relaciones rotas o resolver problemas en el trabajo. Recuerde, también, que los terapeutas son profesionales capacitados. Sólo tienen tus intereses en el corazón. Cuando te sientes aislado y abrumado, tu terapeuta puede ser tu mayor apoyo.

Capítulo Quince

Transiciones Relacionadas con el Estrés

Todos experimentan transiciones en sus vidas. Comenzando en la infancia, pasamos de casa a la vida escolar, de la adolescencia a la adolescencia, de la adolescencia a la edad adulta. A esto se añaden transiciones como casarse, mudarse, divorciarse, quedar desempleado, perder a un ser querido y pasar a la vejez. Las transiciones pueden ser estresantes porque implican emociones como la anticipación, la pérdida, el dolor, la ira, la ansiedad y, con suerte, la alegría. Los sentimientos por las cosas que se dejan atrás pueden ser altos. Psicológicamente, es posible que no estemos preparados para estas transiciones, y el resultado es estrés crónico y ansiedad cuando tal vez deberíamos sentir gozo y esperanza para el futuro. Hay estrategias para dominar estas emociones, que te ayudarán a ser proactivo y positivo cuando experimentes transiciones en tu vida.

Moving: De todas las situaciones que puedes encontrar a lo largo de tu vida, moverte es lo más alto de la lista de experiencias estresantes porque las personas se apetenen mucho a sus hogares y pueden no estar preparadas para los sentimientos de pérdida y dolor que pueden sentir cuando se alejan de ella por última vez. Incluso si te mudas a un hogar mejor, uno que has planeado y guardado para, dejando atrás las cosas familiares puede ser estresante. Si te obligan a salir de tu casa, entonces la ira puede agregarse al estrés y la ansiedad. La gente tiene una propensión natural a resistir el cambio. El miedo a lo desconocido crea ansiedad. Además, es posible que estés dejando atrás a las personas que amas y en las que confías. Para sobrevivir a esta transición, es necesario estar preparado para experimentar una cierta cantidad de ansiedad. Sentirse ansioso al entrar en un nuevo futuro es normal, incluso si está caminando hacia la casa de sus sueños. La ansiedad y la anticipación (emoción) pueden sentir lo mismo. Sea positivo y consciente. Si usted se ve obligado a salir de su casa debido al desalojo, la escasez financiera o, el divorcio, entonces usted puede necesitar el apoyo de familiares y amigos de confianza para apoyarlo a través de la transición. Practica el manejo de la ira. Trate de no llevar su ira a su nueva vida. Perdónate a ti mismo y a los que te han causado dolor. Sea positivo y consciente. Cuando sigas adelante, recuerda guardar recuerdos dolorosos y dejarlos atrás.

Moverse también es una maravillosa oportunidad para des-clutter su vida. D¿Realmente quieres arrastrar todo este desorden a tu nueva vida? Como ya se ha discutido en el Capítulo Uno, des-cluttering su hogar es emocionalmente beneficioso. Despeja tu mente, así como tu hogar. Piense en términos de dejar espacio para nuevas ideas, nuevas oportunidades y nuevos recuerdos. Moverse es inquietante. Usted puede estar mudándose a una nueva comunidad, un nuevo estado. Es posible que estés dejando atrás a tus seres queridos, pero mantente positivo y sigue recordándote a ti mismo que esto es una aventura. Camine por tu nuevo vecindario, preséntate, encuentra el parque o área verde más cercano, respira hondo y siente que tu estrés se desaconseja. Lo lograste.

Divorcio: Pasar por un divorcio doloroso puede ser destructor del alma. Afecta todos los aspectos de tu vida. Si los niños están involucrados, entonces puede llegar a ser abrumador. En el capítulo dieciséis se analiza cómo lidiar con el estrés y la ira en sus hijos, ya sea a través del divorcio, la separación o la pérdida. Esta sección proporciona estrategias para que domines tu ira y ansiedad cuando te enfrentes a la agitación que la separación y el divorcio traen consigo. Pasar por un divorcio requiere energía y enfoque, justo cuando quieres ir a la cama y tirar de las cubiertas sobre tu cabeza. Un factor importante es que debe mantener su perspectiva, y para ello, necesita estrategias. Así que esta guía le ha proporcionado muchas herramientas para hacer frente a su estrés y la ira. Si usted está pasando por un divorcio, entonces utilice las herramientas que están disponibles para usted. Practica la atención plena siempre que puedas. Cuando te sientas abrumado por el dolor o la ira, busca un lugar tranquilo para sentarte y concentrarte en tu respiración. Es hora de dejar ir toda tu energía negativa. Cuando tu mente se desvíe a recuerdos negativos o eventos negativos, trata de identificar cómo te sientes en este momento. Una vez que hayas identificado si estás enojado, herido, confundido, culpable, incluso ligeramente aliviado, puedes trabajar en esta emoción para reducir su impacto en ti emocional y físicamente.

Trabajar en tus sentimientos negativos puede ayudarte a dominar tu ira. Enterrar tus emociones, expulsarlas de tu mente sólo sirve para almacenar problemas para más tarde. Tu ira acumulada estallará y probablemente no funcionará a tu favor. Reconoce tus sentimientos de ira o resentimiento y deja que estas emociones existan en las sombras. Reprimirlos puede conducir a la depresión. Practica la atención plena todos los días y aprende a aceptar lo que es bueno sobre el aquí y el ahora. Apreciar la tranquilidad de un parque o paseo por el campo. Esté agradecido por su salud y bienestar. Sea positivo y proactivo. Por supuesto, todo esto requiere trabajo. Pero este régimen de autoayuda te distraerá y calmará. Cuando tengas pensamientos negativos, vuelve a poner tu mente en el presente. No te juzgues a ti mismo ni analices tus pensamientos negativos. Déjalos donde están.

El ejercicio liberará endorfinas muy necesarias para aliviar la tensión y el estrés. Actividades como correr, baloncesto, tenis, bailar y socializar con amigos son formas productivas de reducir tu frustración y tu ira. Manténgase activo y positivo. Es bien sabido que la agitación emocional del divorcio hace estragos en la salud y el bienestar de una persona. La ira y el estrés liberan toxinas en la sangre que son dañinas e incluso destructivas. No te rindas a episodios de ira, especialmente si la ira está dirigida a una pareja íntima o a la casa familiar. No resolverá nada. Sea constructivo y recuerde que estos sentimientos son temporales. Trabajar con ellos en lugar de ceder a ellos. Sólo porque estés pasando por un divorcio no significa que tengas que entristecerte todo el tiempo. La tristeza es una emoción fuerte que puede tomarte prisionero. Es fácil sucumbir a la tristeza; es potente. Acepta que tu divorcio es triste y crea nuevas emociones. Asegúrate de reírte mucho. Esto puede ser difícil al principio, pero encuentra cosas que te hagan reír o te hagan feliz. Lleva tiempo, pero intenta cada día encontrar el humor en tu vida. Estás triste, estás enojado, al aceptar estos sentimientos y reemplazarlos, tan a menudo como puedas con emociones positivas, te ayudará a vencer tu estrés y tu ira, y serás libre de seguir adelante.

Pérdida: Para la transición a través de la pérdida de un ser querido es un viaje difícil que puede requerir terapia de duelo. Esta guía para dominar el estrés y la ira no pretende tomar el lugar de los terapeutas cuando se trata de un cambio tan monumental. Nadie puede apreciar cómo te sientes cuando pierdes a alguien que amas, incluso si ellos también han experimentado pérdida. Nadie puede decirte cómo llorar. Tienes que hacer esto a tu manera. Si te sientes abrumado y temes que estés cayendo en una profunda depresión, tu familia y amigos pueden sugerirte que veas a un terapeuta de duelo. Tome su consejo. Según Mendoza (2017), hay muchos tipos de dolor, algunos de los cuales pueden requerir un terapeuta. El duelo también puede manifestarse en muchos, dependiendo del tipo de pérdida que experimentes. Lidiar con la pérdida de un hogar o un trabajo se experimenta de manera diferente en comparación con alguien que ha amado a un ser querido. La intervención puede ser necesaria si su dolor se vuelve traumático, o si usted es incapaz de llevar una vida normal porque el dolor es prolongado y doloroso. Un terapeuta puede ayudarte a salir de este dolor que consume todo. Ciertamente no significa que usted se verá obligado a dejar de pensar en su ser querido perdido; simplemente significa que aprenderás a recordar la felicidad que compartiste en lugar de la tristeza de su muerte.

Hay signos reveladores que pueden impulsar a su familia a sugerir terapia. Usted puede reconocer estos signos usted mismo, pero puede que no esté dispuesto a aceptar que necesita ayuda. La depresión crónica es un signo común de que tal vez necesites el apoyo de un terapeuta. La depresión grave puede llevar a pensamientos de suicidio. Usted puede sentir que su vida ya no tiene sentido, por lo que no come ni toma de sí mismo. Tal vez lloras constantemente, apenas duermes, o tienes episodios de ira. Si bien estas son respuestas naturales a la pérdida, la angustia emocional prolongada puede dañar su salud. Piense en su comportamiento por un momento, visualice su día. ¿Te encuentras constantemente en lugares a los que solías ir con tu ser querido, o los evitas por completo? ¿Ya no cuidas de tu casa? ¿Te has embarcado en comportamientos anormales como beber demasiado o comer demasiado? ¿Con qué frecuencia tus seres queridos te sugieren que encuentres ayuda para apoyarte a través de tu dolor? Todos estos son signos de que tal vez necesites la guía de un terapeuta.

Recibir apoyo de un terapeuta de duelo es proactivo. Estás recuperando parte del control que creías que habías perdido cuando tu vida se hundió en el abismo. Por ejemplo, puede albergar pensamientos que no pueda compartir con amigos o familiares. Tal vez tengas momentos repentinos de sentirte libre e independiente. Esto puede ser una reacción normal si usted ha sido una carrera de tiempo completo o estuvo casado durante muchos años. Estos sentimientos de culpa son cosas que puedes discutir abiertamente con un terapeuta del duelo. Hay muchas maneras en las que puede buscar ayuda profesional. Los centros de Internet o de atención primaria de salud pueden proporcionarle información sobre cómo localizar a un terapeuta de buena reputación. Taquí pueden ser organizaciones de la iglesia en sucomunidadr que se especializan en la terapia del duelo. No tengas miedo de tender la mano. El duelo es una emoción poderosa, y a veces necesitamos ayuda profesional junto con el apoyo de familiares y amigos.

Perder su trabajo: La pérdida de empleo es una experiencia estresante. Es uno de los cinco principales factores de estrés en la escala de transición. La inseguridad sobre el futuro, la escasez financiera y la pérdida de autoestima chocan para sacudir tu existencia hasta el fondo. Sentirse enojado es normal. Sentir ansiedad es normal. Pero estos sentimientos pueden llegar a ser abrumadores y robarte tu capacidad para hacer frente. Puede ser que no haya perdido su trabajo en la empresa, pero ha perdido su trabajo dentro de la empresa, lo que puede sentirse tan mal como perder su trabajo por completo. En estos días de indicadores de rendimiento y reducción de tamaño, incluso los trabajadores más productivos y eficientes pueden verse movidos a un lado de un puesto que amaban. En algunos casos, colegas más jóvenes y menos experimentados pueden convertirse en tu jefe, dejándote resentido y enojado. Esta sección analiza algunas de las estrategias que pueden ayudarle a superar este período de inseguridad y tal vez incluso ayudarle a convertirse en una persona más fuerte. Perder un trabajo es algo más que perder ingresos o su posición dentro de la empresa. Puedesentir que ha perdido su identidad.. Cuando te sientas y piensas en ello, es posible que hayas perdido tu autoestima, tu sensación de seguridad, tu orgullo y propósito profesional. Esto es mucho que perder, y se puede abrir en un abrir y cerrar de ojos. Sin embargo, debes pensar en este evento como un contratiempo en tu vida, en lugar del final de tu vida tal como lo conoces. Utilice las estrategias de afrontamiento discutidas en este tipo para calmar su estrés y episodios de ira. Ahora es el momento de ser creativo y productivo. La pérdida de empleo puede ser un contratiempo temporal, o el desempleo puede prolongarse más tiempo del que desea. A largo plazo, y tres meses pueden parecer a largo plazo, debe mantenerse proactivo y positivo. Usa la filosofía hackneyed de un cierre de puerta y otra apertura. Si eres consciente y proactivo, te sorprenderá lo que puedes lograr.

Usted puede tener una sensación de pérdida y angustia emocional cuando pierde su trabajo. Una vez más, esta es una respuesta normal. Como se indicó anteriormente, usted ha perdido algo más que un trabajo. Ahora te encuentras en la posición de tener que hacer cambios cuando creías que tu vida era segura y estable. La ira y el resentimiento son respuestas naturales. Sé amable contigo mismo. No juzgues tus habilidades ni las compares con otras. Aceptar que el cambio no es fácil. Acepte que puede experimentar cierta escasez financiera, pero es una condición temporal. No te es refugio. Necesitas familiares y amigos con los que hablar. Encuentra personas que sean lo suficientemente empáticas y preocupadas como para que hables a través de tus sentimientos;

esto es especialmente útil si temes que tu ira pueda estallar en un acto de vandalismo contra tu ex-compañía. Unirse a un club de trabajo. Descubrirás a otras personas que están experimentando lo que estás pasando. Es una excelente manera de difundir pensamientos negativos. Harás nuevos amigos y tal vez incluso ampliarás tus oportunidades en el mercado laboral. Si usted es proactivo y positivo, entonces su pérdida de trabajo será un contratiempo temporal del que sobrevivió y aprendió.

Capítulo Dieciséis

Manejo del Estrés y la Ira en los Demás

Cuando los niños se enojan: Lidiar con problemas de ira en los niños puede ser complicado. Permanecer tranquilo es más fácil decirlo que hacerlo. Muy a menudo, una batalla se produce con usted gritando y furioso tanto como su hijo. Aprender a tratar con niños enojados es especialmente difícil cuando usted no está seguro de por qué el niño está manifestando tal ira. Puede convertir un hogar tranquilo y tranquilo en el campo de batalla. Para calmar la rabia del niño, es necesario adoptar algunas estrategias simples que son sostenibles;; estrategias en las que puede confiar en tiempos de caos. La primera estrategia es no gritarle a su hijo. La ira es la respuesta inmediata más común al estallido de ira de un niño. Alzando la voz aumenta la temperatura del estallido, y con toda probabilidad, se quedará sin energía antes de que lo haga el niño. Trate de ponerse en el lugar del niño. Está enojado. Llevarlos a caer sobre ellos con los brazos despejando y la agresión en su voz sólo hará que el niño grite aún más. Muéstrele al niño que está tranquilo y listo para escuchar su queja.

Si usted tiene un niño muy pequeño en medio de un berrinche temperamental, es difícil razonar con ellos. Un niño pequeño es demasiado joven para pensar de una manera lógica. Son reactivos, por lo que tratar de resolverlos con una sugerencia razonable es probable que falle y los empeore. Dé al niño la oportunidad de expresar su ira y no le haga preguntas, ya que esto podría enojarlo. Los berrinches templados tienen una manera de deslumbrar hacia fuera, así que mientras estés allí, y el niño esté a salvo. Déjalos que se cansen antes de lidiar con lo que ha causado el malestar. Mantenga la calma y el niño responderá más rápidamente a su atención. Cuando se han calmado, puedes consolarlos. Si usted siente que necesitan ser enviados a otra habitación, a continuación, decirles suavemente que cuando se sientan mejor, pueden volver.

Sus propias reacciones son muy importantes cuando se trata de la ira de un niño. A medida que la ira del niño se intensifica, entonces también lo hace su ritmo cardíaco. Es crucial que usted permanezca tranquilo y nunca use la fuerza para hacer que su hijo deje de gritar o como castigo. A veces, cuando te calientas, puedes ser más rudo con ellos de lo que sueles ser. Puedes agarrarlos o sacudirlos para evitar que griten. Ser físico de esta manera puede ser aterrador para el niño y traumático para usted porque inevitablemente siente que ha perdido el control de la situación. Su temperamento puede estallar cuando su hijo responde. Utilice las estrategias que ha aprendido en esta guía para mantener la calma y la maduración. Lidiar con la ira en un niño está usando y puede saciar su energía. Si se siente abrumado o sus estrategias no están funcionando, consulte a un servicio de consejería infantil. Pueden brindarle apoyo y comprensión del comportamiento de su hijo.

Ansiedad y enojo adolescentes: Una regla de oro para lidiar con la angustia malhumorado y la ira es recordar que usted mismo era un adolescente una vez. Aprender lo que sucede en el cerebro del adolescente, en lugar de lo que está pasando en su mente, es un ejercicio valioso. Durante la adolescencia, el cerebro se está desarrollando y cambiando rápidamente, perdiendo neuronas para dar paso a nuevas conexiones. Por eso todos nos comportamos de manera diferente cuando somos adolescentes. Este comportamiento a veces puede ser inaceptable para los padres. Se enojan con la gota de un sombrero. Son malhumorado e histéricamente felices en el espacio de un corazón. Los adolescentes están trabajando quiénes son. Están probando las aguas para ver hasta dónde pueden empujar los límites. Tienen que aprender que empujar los límites no siempre es el mejor curso de acción. Tienes que ser firme para mantenerlos a salvo. Tienen que aprender a controlar su ira para que no se vuelva habitual. Tener reglas es la mejor manera de mantener a los adolescentes seguros, pero puede que no frene su ira. Tienes que mantener la calma porque pondrán a prueba tu paciencia hasta el límite. Serán impulsivos y a veces agresivos. Asegúrese de proporcionar consistencia cuando esté tratando con la angustia adolescente. Sé razonable con ellos cuando tu hija grite que te odia. Muéstrale que entiendes su ira, pero también muéstrale que ser desagradable es hiriente.

Esté preparado para comunicarse con sus hijos adolescentes incluso si lo que están pidiendo es irrazonable. Esto no significa que cada pequeña solicitud deba convertirse en una reunión familiar o en una conferencia larga y desenfadó. Ser conciliador con su hijo adolescente a veces se puede usar en su contra. Tu hija o hijo tiene más energía que tú. Las negaciones de larga duración sobre "qué haremos al respecto" no siempre es la respuesta. Por supuesto, escuche las peticiones de su hijo adolescente y reconozca su inteligencia. Respete sus solicitudes, y si el tema es lo suficientemente grande, entonces tenga la discusión. Sin embargo, a veces no debería haber discusión. Si usted siente que la solicitud podría suponer riesgos para su salud o seguridad, entonces una explicación simple y un "no" debe ser todo lo que se requiere. Mantén la calma a través de la rabia y los berrinches temperamental, pero mantente firme en tu intención. Los adolescentes necesitan límites claros.

Ayudar a un cónyuge enojado: Las relaciones no pueden prosperar cuando uno, o ambos compañeros, está enojado la mayor parte del tiempo. Los temperamentos se agotan cuando la ira es recibida por la ira. Se requiere un alto grado de control para calmar a un cónyuge enojado. La ira, cuando se usa de manera negativa, es insalubre y el uso. Si vale la pena salvar su relación, entonces usted necesita usar habilidades calmantes para ayudar a su cónyuge a aprender cómo lidiar con su ira. La terapia es muy útil, especialmente si la ira se centra en la relación real. La terapia de pareja puede ayudar a apoyar a ambas parejas cuando la ira festeja en una relación. Sin embargo, hay estrategias que puede usar para apoyar a su cónyuge enojado. En primer lugar, es prudente mantener la calma. La ira a veces se disipa más rápidamente cuando la otra persona está tranquila y en control. En segundo lugar, recuerde mantenerse respetuoso en todo momento, incluso si siente que su cónyuge está actuando como un niño mimado. Ser irrespetuoso es un gran detonante para las personas propensas a episodios de ira. Trate de discutir este aspecto del carácter de su cónyuge. ¿Por qué se sienten irrespetados? Pídales en un momento tranquilo que analicen estos episodios de ira. Esté preparado para ser considerado y agradecido de que se están abriendo a usted.

A menudo, los sentimientos de ira no están relacionados con usted, sus hijos o la familia y amigos en general. La ira podría emanar del ambiente de trabajo. El entorno de trabajo es cada vez más competitivo. Las largas horas de trabajo y tal vez los bajos salarios pueden crear ira, que se saca a los miembros cercanos de la familia. Usted necesita la paciencia para lidiar con la interrupción que un cónyuge enojado crea en el ambiente del hogar. Es necesario que intentes entender sus necesidades y expresar simpatía y apoyo a sus sentimientos. Cuando su cónyuge esté enojado, esté presente y compasivo, incluso si desea salir de la habitación. La compasión sirve como antídoto para la rabia. Sea positivo y enseñe a su cónyuge la importancia de la atención plena. Explícales en momentos tranquilos cómo su ira está afectando a la familia y a tu relación compartida. Liderarlos en la dirección de la terapia o la autoayuda. La autoayuda es particularmente útil porque puede ser que puedas unirte a tu cónyuge en algunas de las actividades utilizadas para disipar la ira, como la meditación o las clases de yoga. Los deportes, como correr y correr, son quizás algo que puedes hacer juntos en ocasiones.

Al intentar desafiar a su cónyuge sobre sus acciones, es mejor elegir un momento tranquilo cuando los temperamentos son silenciosos. Cuando plantee el problema, no discuta muchas ocasiones diferentes en las que su cónyuge perdió el control. Analice el último estallido de enojo y explique cómo impactó en usted. Si están preparados para escuchar, discutan maneras en que usted puede apoyar sus necesidades actuales. No seas controlador. En su lugar, discuta los aspectos positivos de vivir en un ambiente tranquilo. Analicen las cosas buenas de sus vidas. No te detengas en los aspectos negativos del comportamiento. Recuerde, también, que las relaciones sanas no deben ser una lucha de poder. Algunas personas recurren a la ira cuando no se ponen en camino. Si usted siente que este puede ser el caso en su propia relación, entonces usted necesita mantener la calma, y cuando el momento es el momento, dígale a su cónyuge que su comportamiento es inaceptable. Sé asertivo pero tranquilo. La ira negativa es inaceptable y crea tensión y mala salud para la persona y para quienes la rodean.

Tratar con un empleado enojado: La ira en el lugar de trabajo wcomose discutió en la semana uno de este libro. Esta sección considera cómo podría lidiar con la ira de los demás en el lugar de trabajo, especialmente si usted es el jefe. Puede parecerle que sus empleados están enojados todo el tiempo por algo. Esta ira a menudo no se manifiesta en un estallido de ira incontrolable. Más bien parece disfrazado de amenazas poco veladas o comentarios sarcásticos. Sin embargo, esta negatividad no es propicia para la productividad o un equipo de trabajo armonioso.

Si usted es un gerente emocionalmente inteligente, probablemente puede medir las emociones de un empleado cuando se presentan en su oficina. Pueden ser pálidas y de labios apretados o enrojecidas con ira suprimida. Más a menudo que no, es la ira que se presenta a usted en lugar del empleado. En otras palabras, algo fuera de tu control ha despertado la ira, pero está dirigida hacia ti, y está furiosa. La forma en que reaccionas ante una persona enfurecido determina el resultado. Estar enojado de nuevo sólo aumentará el problema. Pero, ¿cómo mantener la calma frente a lo que podría ser un encuentro hostil fuera de control?

No finigas una sonrisa desarmada. Puede parecer que no te importa. Sabes que levantar la voz empeorará las cosas, pero ser innecesariamente condescendiente puede aumentar la ira. No comience con una declaración negativa para tratar de calmar al empleado. Por ejemplo, no desea señalar que el empleado se equivoca al pensar que otro empleado ha saboteado su trabajo porquees probable que antagonizará y añadirá a la ira. Además, nunca es útil exigir silencio o calma, especialmente antes de haber escuchado todos los hechos. Tampoco ayuda si señalas que la persona está actuando de una manera inmadura. Si permaneces tranquilo y dispuesto a escuchar, entonces es probable que la persona enfurecido de pie antes de ti se calme por sí misma.

Demuestra que estás dispuesto a escuchar sus preocupaciones. Pida entonces que se siente y tome un respiro para que puedan explicar lo que está mal. Usted necesita demostrar que realmente se preocupa por la angustia que puede ver en el empleado. Sé genuino. Reconocer que la otra persona está sufriendo de alguna manera. "¿Cómo puedo ayudar?" es probablemente la mejor frase que puedes usar, pero asegúrate de decirlo en serio. Dicho thatesto, debe quedar claro aquí que su seguridad es de suma importancia. Los arrebatos de enojo son impredecibles. Si usted piensa por un momento que usted no está a salvo, entonces usted debe salir de la habitación. Ve a algún lugar donde haya otras personas alrededor. Entonces llama por seguridad. La seguridad de usted y de sus otros empleados debe ser lo primero.

Conclusión

Aquí está una visión general de las estrategias presentadas en esta guía. Es posible que te resulten útiles todas las estrategias, o que te concentres en las que más te pertenecen. Puede utilizar este libro como una guía rápida.

Semana Uno

Capítulo Uno: El Entorno Doméstico

Des-clutter Vivir una vida hogarática caótica puede ser estresante y malo para su salud física y mental. Libera la tensión en tu cuerpo des-abarrotando tu hogar. Comience simplemente caminando alrededor de su casa y tome nota de dónde usted y su familia tienden a dejar las cosas por ahí. Los pasillos son áreas comunes de desorden. Limpien los armarios, los estantes y el área del piso. Haga una entrada acogedora y ordenada en su hogar. A continuación, desbarbar las otras habitaciones. Insista en que los miembros de la familia ensojen las cosas. Los psicólogos creen que vivir en un ambiente desordenado promueve el estrés, que puede convertirse fácilmente en ira. Las hormonas del estrés se liberan cuando vemos desorden alrededor porque el cerebro indica que hay cosas que necesitan ser ordenadas. Por otro lado, cuando vemos un ambiente tranquilo, la tensión se reduce y nos sentimos menos estresados.

Capítulo Dos: El Entorno de Trabajo

Organice su espacio de trabajo Clutter puede acumularse tanto en su oficina como en el hogar, especialmente al intentar personalizar sus estaciones de trabajo. Organice su escritorio des-abarrotarlo. Deseche los elementos que no utilice. Mantenga un escritorio ordenado y relativamente claro. Limpie los armarios y cajones y conserve únicamente los artículos de trabajo esenciales. Las únicas cosas en su escritorio deben ser los artículos con los que trabaja a diario. Mantenga las cosas simples: una bandeja para el trabajo en curso y una bandeja de salida. Según la investigación médica, un escritorio desordenado no implica necesariamente que haya mucho trabajo en marcha. Puede significar lo contrario. Un espacio de trabajo desordenado puede ser estresante cuando no puede encontrar cosas o pasa por alto mensajes y directivas importantes. Los hábitos de trabajo desordenados pueden conducir a un trabajo desordenado. Sea proactivo y mantenga su espacio de trabajo organizado.

Capítulo Tres: Redes Sociales

Reducir el uso de las redes sociales - La era digital ha traído consigo muchas ventajas. Ha llevado a la comunicación global con solo tocar un botón y ha conectado a amigos y familiares de todo el mundo. Sin embargo, la investigación médica ha demostrado que el uso de demasiadas redes sociales causa estrés innecesario.

Consciente e inconscientemente, usted está imbuiendo estilos de vida que son falsos, y que crean estrés y ansiedad cuando se ve regularmente. Al comparar su propia vida con aquellos en los sitios de medios sociales, la ansiedad aumenta, y los pensamientos negativos de escasez e insuficiencia pueden tomar rápidamente el control. Los sitios de redes sociales son factores contributivos en el aumento de los problemas de salud mental entre los adultos y los jóvenes.

Capítulo Cuatro: Comunicaciones Electrónicas

Gestione su correo electrónico y mensajes de texto. Presta atención a cómo tratas los correos electrónicos. No es raro en un día laborable recibir cientos de correos electrónicos. Cuando tu bandeja de entrada se llena de forma irrazonable, crea estrés. Los correos electrónicos de trabajo en general necesitan serdirigidos, pero rather que ver cada uno a medida que llega, reservar un tiempo específico en el que usted responderá a ellos. Los psicólogos han descubierto que las notificaciones de correos electrónicos entrantes, eleva los niveles de estrés de los que quizás no seas consciente. Vir a un correo electrónico entrante puede interrumpir su concentración durante hasta 20 minutos. Los textos tienen el mismo poder disruptivo. Enviar y responder mensajes de texto eleva los niveles de estrés, y recibir textos negativos puede dejar a una persona lidiando con la rabia acumulada porque no hay lugar para que la ira vaya. La mensajería de texto debe administrarse de la misma manera que administra la carga de trabajo. Solo responde a los textos una hora asignada cada día. Entonces olvídate de ellos.

Apaga el teléfono cuando te vayas a la cama y no te sientas tentado a mirar los textos en medio de la noche.

Capítulo Cinco: Enfrentando Problemas Financieros

No ignores tu deuda. Worrying sobre el dinero ha demostrado ser la razón principal del estrés crónico. La forma en que piensas sobre el dinero parece ser crucial en la forma en que lidias con tus problemas de deuda. Tenga un sano respeto por su dinero, por escaso que sea. Lidia con tu deuda en lugar de ignorar las cuentas y enterrar tu cabeza en la arena. Con cada factura que se las arregla para pagar, estar agradecido y contento de que usted ha pagado, incluso si usted sólo fue capaz de pagar una pequeña cantidad. Ten el control. Organizarse y saber cuándo debe pagar cada factura. Sea sincero acerca de lo que puede pagar y sea respetuoso con las personas a las que debe dinero. Discuta abiertamente con los socios acerca de sus preocupaciones de dinero. Sepa que no está solo. El estrés por dinero resulta en estrés crónico, que conduce a una mala salud mental y física.

Capítulo Seis: Dominar tu Ira en el Lugar de Trabajo

Caminar lejos de su ira - Un berrinche temperamental en el lugar de trabajo podría perder su trabajo. Nunca es aceptable estar fuera de control en el trabajo. Usa estrategias calmantes para controlar tu ira. Aléjate del conflicto o de la fuente de tu ira. Salga y encuentre un lugar tranquilo para sentarse. Entonces respira hondo. Tómese un momento para ser consciente. Concéntrate en el momento, en cómo se siente tu aliento. Relaja los músculos, especialmente en el cuello, la cara y los hombros. Si no es posible alejarse de una situación volátil, entonces tome una respiración profunda y cuente hacia atrás desde un centenar. La ira en el lugar de trabajo puede conducir al vandalismo y la violencia hacia los compañeros de trabajo. Domina tu ira practicando la respiración profunda y la atención plena.

Capítulo Siete: Dominar tu Ira en las Relaciones

Hacer un compromiso honesto - Las relaciones pueden estar llenas de problemas. Vivir con otro ser humano requiere paciencia y compromiso. Cuando usted está experimentando estrés y enojo, usted puede tener una tendencia a excestarlo en su pareja. Si usted siente que la relación no está funcionando, entonces se requiere una comunicación abierta y honesta en lugar de ventilar su angustia de manera indirecta. El estrés en las relaciones causa mala salud, tanto mental como físicamente. Si la separación es la única respuesta, entonces aborde esto. Permanecer en una relación infeliz es estresante para ambas partes. Si la relación es preciosa para ambos, entonces tal vez sea hora de hacer algunas concesiones. Compromiso no significa renunciar a su autonomía. Tampoco significa que te estés rindiendo. Puede que estés dando paso, pero esto puede ser un avance positivo. Lidiar con el compromiso de una manera adulta madura puede conducir a una comprensión más cercana de su pareja. El conflicto se puede reducir, y con él, la ira y el resentimiento a fuego lento que llevas consigo. Analice sus diferencias honestamente y con respeto por las opiniones de su pareja. Los compromisos, basados en el respeto, pueden ser productivos y sostenibles.

Semana Dos

Capítulo Ocho: Pensamiento Positivo

Cambiar la conversación en tu cabeza - Cuando estás estresado o enojado, las conversaciones que llevas a cabo en tu cabeza son generalmente negativas. Dan vueltas y vueltas sin resolución a la vista. No prestan atención al hecho de que estás agotado por ellos. Continúan en la noche, impidiéndote dormir; están ahí cuando te levantas por la mañana. Estas conversaciones están creando estrés, lo que está dañando su salud en la medida en que se arriesgue a enfermedades cardiovasculares e insuficiencia cardíaca. Estás encerrado en la negatividad. Cambia la conversación a una mentalidad positiva, y dominarás tu estrés y tu ira. Cada vez que descubras que estás llevando a cabo una conversación negativa contigo mismo, vuelve al presente y encuentra algo positivo en lo que pensar. Esto requiere práctica y paciencia contigo mismo, pero si perseveras, notarás que eres más productivo, tienes más energía y eres más capaz de lidiar con tus problemas.

Capítulo Nueve: Afirmaciones y Visualización

Afirme sus capacidades todos los días. Las afirmaciones positivas son una manera constructiva de dominar sus problemas de estrés y enojo. Con la práctica y una cierta cantidad de creencias, usted puede cambiar su vida. Puede reemplazar las conversaciones negativas en su cabeza a las positivas. Las afirmaciones, si se practican todos los días, pueden romper las creencias negativas habituales. Que tal vez no seas lo suficientemente bueno, o que seas inadecuado. Tal vez tengas una creencia inherente de que fracasarás si intentas algo nuevo. Los pensamientos negativos son a menudo subconscientes,loque puede conducir a estallidos repentinos e inexplicables de ira o estrés crónico. El simple truco de la afirmación positiva: Soy lo suficientemente bueno, puedo hacer esto, puede influir en cómo ves el mundo que te rodea y cómo te ves a ti mismo. La visualización se utiliza junto con la afirmación positiva. Al visualizar lo que desea lograr, puede ser más productivo. Tus niveles de energía aumentarán, y tu comportamiento se volverá más positivo.

Capítulo Diez: Mindfulness

Vivir en el aquí y ahora Mindfulness significa que vives en el aquí y ahora, en lugar de detenerte en un pasado que no puedes cambiar y un futuro que no puedes predecir. Es fácil de hacerlo y reduce el estrés y la ira. Cuando practicas la atención plena, te estás concentrando específicamente en el presente. Donde estás, lo que puedes ver, oler y oír. A medida que tu mente se desliza a otro momento, tal vez un argumento estresante o una preocupación por el futuro, te retiras al presente. Esta estrategia puede brindarle buenos resultados. Cuando te enfrentas a conflictos, estrés o rabia, puedes encontrar momentáneamente tu presente. Puedes ir a tu aliento. Fíjate en el ritmo de tu respiración. Deja que tu ira baile en las sombras de tu mente. La atención plena es ahora una técnica reconocida para manejar el estrés. Con la práctica, la atención plena puede convertirse en parte de tu rutina diaria, manteniendo tus niveles de estrés bajos y tu ira a raya.

Capítulo Once: Ejercicio

La investigación médica aeróbica demuestra que el ejercicio físico, particularmente el ejercicio aeróbico, reduce el estrés y la ira y contribuye a la buena salud y el bienestar. Según los expertos en salud, la ira suprimida libera toxinas en el torrente sanguíneo, que contribuyen a las enfermedades cardiovasculares y los ataques cardíacos. El ejercicio físico disipa la ira y alivia el estrés crónico. Los episodios graves de ira pueden requerir un terapeuta profesional, pero el ejercicio físico, junto con otros métodos de apoyo, pueden reemplazar la necesidad de medicamentos farmacéuticos.

Capítulo Doce: Relajar la Mente

Cambiar tu historia Relajar tu mente puede ser algo difícil de lograr. Al practicar la atención plena y la meditación, no sólo relajas tu mente, sino que también puedes cambiar tus perspectivas. Las historias negativas que juegan en tu mente se pueden cambiar a positivas. Para hacer esto, necesitas cambiar tu historia a una de logros. En lugar de pensar si obtendrás o no esa promoción, imagina que la tienes. Piensa en cómo te sientes cuando recibes las noticias. Mírate a ti mismo a través de tus propios ojos, agradeciendo a tu jefe, diciéndole a tu familia. Realmente piensa en cómo te honorariosl y visualize. Esta estrategia revive el estrés, y si se practica regularmente, domina su estrés por completo. Durante sus períodos de meditación, tome el viaje y experimente su éxito y logros. Te volverás más productivo, y tus niveles de energía aumentarán a medida que se reduzca el estrés.

Semana Tres

Capítulo Trece: No Estás Solo

Encuestas de estrés e ira Estados Unidos es la capital del estrés del mundo, demostrando que no estás solo cuando luchas con estrés e ira. Un gran número de personas encuestadas dijo que la preocupación del dinero encabezó su lista de razones para sentirse estresado. Algunos encuestados informaron que se sienten paralizados con el estrés la mayoría de los días. El trabajo remunerado, los conflictos en el trabajo y los problemas profesionales fueron todas razones para el estrés crónico y los problemas de ira. Curiosamente, los baby boomers reportaron menos probabilidades de experimentar estrés crónico, lo que sugiere que los problemas de trabajo como los indicadores de desempeño y la finalización de empleos junto con y bajos salarios crean estrés en las personas más jóvenes. Las encuestas también han demostrado que el estrés crónico causa pérdidas de productividad y aumento de los costos de atención médica. Es hora de tomar un respiro y tomar la decisión de dominar su estrés y la ira. No seas una estadística negativa; ser un miembro positivo y exitoso de la sociedad.

Capítulo Catorce: Obtener Apoyo

Aceptar ayuda para dominar su estrés y la ira A menudo,las personas que están estresadas llevan su carga sola. Pedir apoyo cuando no puedes hacer frente puede ser difícil. Sin embargo, al preguntar, usted es proactivo. Estás lidiando con tu estrés. Usted está empleando todos los recursos que puede reunir. Cuando pides ayuda, ya sea de familiares o de un terapeuta profesional, estás tomando el control de tu vida. Una mano amiga no significa que seas débil o incapaz. Significa que usted está aceptando que a veces la vida es demasiado abrumadora para hacer frente a su propia, amigos y familiares están demasiado dispuestos a ofrecer su ayuda. Pueden ser tableros de sonido, buenos oyentes, o simplemente empáticos. Tal vez tu familia ha estado ofreciendo su ayuda por un tiempo. Además del apoyo informal, la terapia profesional también es un recurso útil. Los terapeutas están capacitados para guiarte a través de tu agitación para que puedas entender mejor por qué estás enojado todo el tiempo o por qué constantemente te sientes ansioso. Hay muchos terapeutas disponibles en línea. Asegúrese de que sean de buena reputación. Visite su centro de atención primaria. Ellos podrán ayudarle a encontrar un buen terapeuta en su área.

Capítulo Quince: Transiciones Relacionadas Con el Estrés

Hacer frente a los cambios de la vida - Todos experimentan transiciones. Desde el nacimiento, estamos sujetos a estas transiciones: ir a la escuela por primera vez, pasar de la adolescencia a la edad adulta, casarnos, convertirnos en padres y pasar a la vejez. Estas son transiciones naturales y parte del ciclo de la vida. A esto se añaden las transiciones que vienen inesperadamente, o que no se solicitan, como el divorcio, la separación o la muerte de un ser querido. Estas transiciones traen estrés y angustia. Tratar con ellos puede ser difícil. La ira y el resentimiento pueden ir a fuego lento, y el estrés puede comenzar a dañar tu salud mental y física. Emplear estrategias como la atención plena y la aceptación de las cosas que no puedes cambiar puede ayudarte a dominar tu estrés y tu ira. Buscar ayuda profesional para superar estas transiciones puede ser una experiencia positiva que puede hacerte más fuerte y más capaz.

Capítulo Dieciséis: Manejo del Estrés y la ira en los Demás

Reconocer las necesidades de los demás - Es fácil en este mundo ocupado pasar por alto a alguien que necesita ayuda. El estrés y la ira pueden manifestarse en cualquier persona. Los niños necesitan un apoyo especial cuando sienten ira y angustia. La forma en que usted lidia con esta ira influye en cómo responde el niño. Algunos grupos de la sociedad son más vulnerables al estrés y la ansiedad que otros. Los adolescentes y adolescentes, por ejemplo, pueden pasar por períodos particularmente perturbadores a medida que pasan por la pubertad. Usando estrategias diseñadas para combatir la ira y la ansiedad, los adolescentes, especialmente, se pueden hacer sentir seguros mientras lidian con los cambios en sus cuerpos y emociones. La ira de un cónyuge puede ser particularmente angustiosa. Ser capaz de ayudar a un cónyuge en momentos difíciles mediante el uso de las estrategias de esta guía puede acercarte y aliviar las tensiones de la vida cotidiana. Los gerentes también pueden usar estas estrategias para tratar con los empleados que presentan problemas de ira. La inteligencia emocional es una estrategia confiable para dirigir a un trabajador enojado hacia mares más tranquilos.

En conclusión, este capítulo final ha demostrado que usted ya posee los medios para dominar. Al aceptar que necesitas cambiar el camino, crees que estás bien en camino a alcanzar tus metas. El pensamiento positivo, la atención plena, el ejercicio, la aceptación y la gratitud por lo que ya tienes son estrategias poderosas para superar tu ansiedad, estrés crónico y enojo. Recuerda, también, que la ayuda profesional nunca está lejos. Para obtener más información sobre los temas tratados en esta guía, consulte los recursos que se encuentran al final del libro.

Recursos

Asociación Americana de Psicología. 2017. "Estrés en América" https://www.apa.org/news/press/releases/stress/2017/state-nation.pdf

Asociación Americana de Psicología. 2019. "Entender la ira" https://www.apa.org/helpcenter/understanding-anger

Banks, Carole. 2019. "Estallidos de niños enojados: 10 reglas esenciales para lidiar con la ira infantil" https://www.empoweringparents.com/article/angry-child-outbursts-the-10-rules-of-dealing-with-an-angry-child/

Bonoir, Andrea. 2017. "¿Deberías ir a Terapia de Parejas?" https://www.psychologytoday.com/gb/blog/friendship-20/201709/should-you-go-couples-therapy

Carretero. S, B. 2012. "Por qué Mess causa estrés: 8 razones, 8 remedios. https://www.psychologytoday.com/gb/blog/high-octane-women/201203/why-mess-causes-stress-8-reasons-8-remedies

Chokshi, Niraj: New York Times. 2019. "Los estadounidenses están entre las personas más estresadas del mundo, https://www.nytimes.com/2019/04/25/us/americans-stressful.html

Covey, Stephen, R. 2004. Los 7 Hábitos de personas de gran éxito: lecciones poderosas en el cambio personal. Londres, Simon y Schuster UK Ltd

Denworth, Lydia. 2019. "La preocupación por el uso de las redes sociales y el bienestar pueden estar fuera de lugar". https://www.psychologytoday.com/us/blog/brain-waves/201905/worry-over-social-media-use-and-well-being-may-be-misplaced

Elliott, Brianna. 2017. "6 alimentos que ayudan a reducir la ansiedad" https://www.healthline.com/nutrition/6-foods-that-reduce-anxiety#section

Salud diaria: Estados Unidos de Estrés. 2018. "Nunca volverás a pensar en el estrés de la misma manera" https://www.everydayhealth.com/wellness/united-states-of-stress/

Línea de salud. 2019. "Su relación con el dinero está afectando su salud". http://www.healthline.com/health/stress-anxiety/how-to-manage-money-worries

Kohill, A. 2018. "Así es como los almuerzos de trabajo te están haciendo malo en tu trabajo" https://www.weforum.org/agenda/2018/05/new-study-shows-correlation-between-employee-engagement-and-the-long-lost-lunch-break

Malhorta, Priyanka. 2019. "Ejercicio y su impacto en el manejo de la ira" https://www.actascientific.com/ASMS/pdf/ASMS-03-0278.pdf

Mark, Gloria, Gudith, Daniela y Klocke, Ulrich. 2008. "El costo del trabajo interrumpido: más velocidad y estrés". https://www.ics.uci.edu/~gmark/chi08-mark.pdf

Mayo Clinic. 2019. "Pensamiento positivo; Deja de hablar negativamente para reducir el estrés. https://www.mayoclinic.org/healthy-lifestyle/stress-management/in-depth/positive-thinking/art-20043950

Mendosa, Marilyn, A. 2017. "30 Razones por las que puede necesitar un terapeuta de duelo" https://www.psychologytoday.com/us/blog/understanding-grief/201708/30-reasons-you-may-need-grief-therapist

Michaels, M. 2016. "3 maneras de tener menos te harán más feliz". https://www.lifestorage.com/blog/organization/3-ways-less-will-make-happier/

Universidad de Minnesota. 2019. "Mejora tu bienestar". https://www.takingcharge.csh.umn.edu/

Moore, Catherine. 2019. "Positive Daly Affirmations: Is There Science behind it?" https://positivepsychology.com/daily-affirmations/

Rus. Holly, Michelle. Tiemensma, Jitske. 2017. "Uso y estrés en las redes sociales". https://escholarship.org/uc/item/1bn0557h

Sherman, David, K., Cohen, Geoffrey, L. 2006. "La Psicología de la Autodefensa: Teoría de la Auto-Afirmación. https://ed.stanford.edu/sites/default/files/self_defense.pdf

Smith, Kathleen. 2018. "Cuando la ira se convierte en abuso emocional: cómo controlar la ira y la frustración en una relación". https://www.psycom.net/control-anger-frustration-relationship

Centro de Educación para el Estrés. 2014. "Anger in the Work Place" https://dstress.com/anger-workplace-part/

Williams. James, W. 2019. Manejo de la ira: El cambio de imagen mental de 21 días para tomar el control de tus emociones y lograr la libertad de ira, estrés y ansiedad, libros electrónicos de Amazon

Williams, Mark y Penman Danny. 2011. Mindfulness: Una guía práctica para encontrar la paz en un mundo frenético. Londres, Piatkus Libros

www.ingramcontent.com/pod-product-compliance
Lightning Source LLC
LaVergne TN
LVHW011712230826
846091LV00015BA/4133